JN295352

勝つ部活動の教科書

塚本哲也 編著
Tetsuya Tsukamoto

黎明書房

プロローグ

　『勝つ部活動で健全な生徒を育てる』を出版して以来，全国各地で部活動に燃えている教師たちからの熱いメッセージが多く寄せられました。その反響の大きさに，改めて学校教育における部活動指導の重要性を実感しました。
　「勝たせてやらねばならない」しかし，「勝つことだけに教師としての最終目標があるのではない」というところまで読み深めてくださった読者が多数いたことは，私にとってとてもうれしいことでした。
　「夢を描かせることの重要性」
　「厳しさの中にこそ優しさがある」
　「部活動でしか存在感や自己有用感を感じられない生徒もいる」
　「部活動指導によって，地域との連携も進む」
　そして，最も多かった感想が，
　「生徒とともに情熱を燃やし続けられることへの羨望」
でした。いろいろな事情や学校状況によって，部活動指導を思うようにできない仲間たちも多くいるのです。
　また，子どもたちや保護者からも，たくさんの感想が届きました。そこからは，部活動に大きな希望をもっている様子がひしひしと感じられました。逆に，厳しい指導で鍛えてもらいたい子どもたちや保護者が，こんなにも多くいるのかということに驚いたほどです。確かに今，厳しさが求められているのです。
　私の周りには，いろいろな事情や学校状況にありながらも，部活動指導を通して，生徒たちを健全に育て上げている教師たちがたくさんいます。
　冬の時期は，日没が早いので下校時刻が夕方の4時30分という学校もあります。行事の前は，何週間もの間，部活動が禁止される学校もあり

ます。また，市外はもとより，県外への遠征を認めていない学校もあります。さらには，「部活動で教師も生徒も時間を取られるから，教科指導や学習が疎かになっている」と言って，活動制限を主張する先輩の教師もいます。

　彼らが，その逆境をどのように克服しながら，生徒たちと夢の実現に向けて，日々戦い続けているのか。

　種目によっても，集団スポーツか個人スポーツか。野球型なのかサッカー型なのか。その種目の特性を掴んで，いろいろな創意と工夫によって，指導方法が異なってきます。

　また，男女の違いによっても，指導方法は大きく違ってきます。小学生の時期はそれほどの違いはありません。しかし，中学生になると男女の違いは，顕著にでてきます。特に，メンタル面は，一生の中で一番の違いを見せる多感な時期なのです。その違いを見抜き，どう心を育て，チーム創りをおこなっているのか。

　おかれた学校や地域の状況によって，当然，目指す夢の大きさに違いがあります。その状況を無視して目標設定を誤っては，部活動を通して，健全な生徒の育成はできないのです。

　ここに紹介した教師たちは，おかれた様々な状況の中，それぞれの種目を男女の特性を生かしながら，どんな目標設定をして，それに向けてどう指導をおこなっているのでしょうか。

　それを単なる技術指導書ではなく，子どもたちの将来に生きる力を育てる教科書として編著しました。

　それぞれのエキスパートたちが，己の流儀を語ります。

　今から，読者のみなさんと一緒に「勝つ部活動」について語り合いましょう。

塚本哲也

目　次

プロローグ　*1*

第1章　夢をかなえる流儀を語る ……………………*9*

卓　球
1　部員の中で最も下手な生徒のレベルが部のレベルである　*11*
　　藤澤卓美（元豊田市立足助中学校校長）
2　全中予選で勝つ極意　*18*
　　渡　元春（豊田市立益富中学校教諭）

陸　上
1　子どもたちのお陰　*25*
　　片桐常夫（豊田市立山之手小学校校長）
2　走った距離は裏切らない　*32*
　　後藤誠二（豊田市立逢妻中学校教諭）
3　思わず120％の力を出してしまう練習法　*35*
　　後藤真理子（豊田市立山之手小学校教諭）

野　球
1　部活は道楽　*41*
　　森山正実（豊田市立松平中学校教諭）
2　「恐れ」≠「畏れ」　*48*
　　池本　豊（豊田市立竜神中学校教諭）

3

3　野球部員たる前に，美里中学校生徒であれ　*55*
　　今田良人（豊田市立美里中学校教諭）

サッカー
1　サッカーは「心・技・体」　*61*
　　山東篤史（豊田市立藤岡南中学校教諭）
2　一流の選手になりたければ，一流の中学生になれ　*68*
　　山岸　怜（豊田市立朝日丘中学校教諭）
3　オフ・ザ・ピッチ　*73*
　　岸本勝史（豊田市立小原中学校教諭）

バレーボール
【男子部】1　体育館に一礼して巣立つ生徒たち　*78*
　　小泉　修（豊田市次世代育成課指導主事）
【女子部】1　女性の副顧問としてできること　*83*
　　黒柳菜緒（豊田市立美里中学校教諭）
【女子部】2　当たり前の風景がきらめく　*88*
　　辻　牧男（福井県大野市立陽明中学校教諭）
【女子部】3　人生を変えたバレーボール　*95*
　　渡邉大輔（豊田市立竜神中学校教諭）

バスケットボール
【男子部】1　残り4秒の奇跡のブザービート　*99*
　　鈴木直樹（豊田市教育委員会指導主事）
【女子部】1　市内最小軍団の勝利　*104*
　　―チームのモチベーションのアップと維持―
　　宮本伸一（豊田市立猿投中学校教諭）

目 次

ソフトテニス
【男子部】1　ゼロトレランス　*110*
　　吉田裕哉（豊田市立逢妻中学校教諭）
【男子部】2　とみイズム「ワッショイ」　*115*
　　富安洋介（豊田市立美里中学校教諭）

ハンドボール
【男子部】1　人間を磨く　*121*
　　杉浦俊孝（豊田市教育委員会指導主事）
【男子部】2　生徒が僕のライバル　*126*
　　佐伯裕司（愛知教育大学附属養護学校教諭）
【女子部】1　単純で単調な練習の繰り返し　*130*
　　纐纈　充（名古屋市立東港中学校教諭）
【女子部】2　ハンド王国という環境　*133*
　　中谷秀将（名古屋市立滝ノ水中学校教諭）

ソフトボール
1　女子でも経験者に勝てる　*138*
　　安藤篤喜（静岡県浜松市立中郡中学校教諭）
2　素人軍団からの勝つチーム創り　*145*
　　田口賢一（豊田市立挙母小学校教諭）
3　未だ夢がかなわない教師へ　*151*
　　佐々木博（豊田市立美里中学校教諭）

吹奏楽
1　生徒の心に響く吹奏楽指導　*157*
　　竹田健一（豊田市立前林中学校教諭）

2 **どんな生徒もうまくなる** *162*
　　國枝和行（豊田市立美里中学校教諭）

合　唱
1 **合唱作りは学校創り** *167*
　　山本弘子（豊田市教育委員会指導主事）

第2章　勝つ部活動指導から見えてくるもの……*171*

1 **部活動指導を通して，子どもたちに何を教え，子どもたちをどう育てるのか** *172*
　(1) 学校教育における部活動の重要性　*172*
　(2) 何を教えどう育てるのか　*175*
2 **夢をかなえた者たちは今** *179*
　(1) 地域の絆づくり　鈴木直樹（バスケットボール）　*179*
　(2) 先生のチームを倒します　吉田裕哉（ソフトテニス）　*179*
　(3) あこがれのOGバンド　竹田健一（吹奏楽）　*180*
　(4) 思い出話を酒のつまみに　杉浦俊孝（ハンドボール）　*180*
　(5) 教え子に囲まれて　小泉　修（バレーボール）　*181*
　(6) 校長として二重の喜び　藤澤卓美（卓球）　*182*
　(7) 言葉には魂が吹き込まれる　田口賢一（ソフトボール）　*183*
　(8) 答えは風の中　森山正実（野球）　*185*
3 **若い教師よ！　勝つ部活動を熱く語ろう** *187*
　(1) エベレストに登るなら，登った人に聞け　*187*
　(2) コップの水が溢れるとき　*188*
　(3) 選択と集中　*189*

(4) 他校でうまくいったからといって，自校でうまくいくとは限らない *190*
(5) おびえて遅れをとるな *191*
(6) カイロス的時間の美学 *193*

エピローグ *194*

第1章
夢をかなえる流儀を語る

今日も部活　明日も部活
たぶん　あさっても
そのまた次の日も　部活　部活　部活
もう　ヘトヘト
足が　イタイ
腕が　イタイ　もう　立っていられない

明日はきっと
お腹もイタイ
頭もイタイ　人生にピリオドを打ちたい
そんな気分
でも
部活が終わったとき
私はきっと　大きくなっているだろう

卓 球

　マイナーなスポーツでありながら，各中学校の部員は多くいます。ほとんどの生徒の場合，運動神経に自信が無く，集団スポーツになじめない心配を抱えています。
　「体を動かしたい。でも激しい運動は……」そんな生徒たちを一流に育て上げる流儀がここにあります。
　球技の中で一番小さなボールを最も狭いコートで操るのは，そんなに簡単ではありません。勝つためには，他のスポーツ以上に頭脳と忍耐と体力を必要とするのです。

❶　部員の中で最も下手な生徒のレベルが部のレベルである

藤澤 卓美（元豊田市立足助中学校校長）1950生
- 西三河大会優勝8回，準優勝2回，3位2回
- 愛知県大会優勝2回，準優勝4回
- 全国大会出場男子2回，女子1回

❷　全中予選で勝つ極意

渡　元春（豊田市立益富中学校教諭）1966生
- 西三河大会優勝4回，準優勝2回，3位1回
- 愛知県大会優勝1回，準優勝3回，3位2回
- 東海大会準優勝1回
- 全国大会出場1回

1 部員の中で最も下手な生徒のレベルが部のレベルである

元豊田市立足助中学校校長　藤澤卓美

　進学したＫ高校は，県立でありながら前年度インターハイダブルスの部で優勝したという強豪校でした。何も知らず入部しましたが，1年生30数名の中には，西三河大会優勝校のエースもおり，自分とは全くレベルが違っていました。育った地域のレベルの低さに愕然とし，いつか教師になってふるさとに帰り，卓球を教えたいと真剣に考えるようになりました。

(1) 部活動に対する基本的な考え方

① 球にふれる時間を平等にする

　夢がかなって，新任として足助中学校に配属になり，男子卓球部を受け持つことになりました。レベルは依然として低く，足助の4中学が統合した年であったので部員も多く，男女100人を一人で教えました。

　私は，決めていたことがありました。それは，「上手な生徒も下手な生徒も，卓球台について球にふれる時間は平等にすること」でした。運動能力の低かった自分に長距離を教えてくれた中学校の恩師の「ちゃんと教えれば誰でも走れる」という自分への言葉が生きていたのです。100人を8台の台で平等に時間を与えるとなれば，冬の短い練習時間では本当に数分しかとれないこともありました。しかし，私は中学校12年間の部活指導の中でこの流儀は貫き通しました。

②　部員の中で最も下手な生徒のレベルが部のレベルである

「強い子のレベルが部のレベルではなく，一番弱い子のレベルが部のレベル」なのです。自分自身に何度も言い聞かせました。3年間，与えられた時間のすべてをかけて，生徒と一緒に汗を流しました。全体のレベルは確かに上がってきましたが，3年間とも西三河大会1回戦敗退が現実でした。卓球ができるということと指導できるということとは，全く別物であることを強烈に思い知らされました。

③　トップのレベルを引き上げる

「西三河大会で上位をねらえるチームを育てたい」という思いも当初からありました。そのために2年目から始めた足助卓球クラブ（土曜の夜，7時から2時間，小中学生，青年，婦人，病院の看護婦等を教える活動）を立ち上げました。

協力者も出てきました。大学の後輩の助けを得て，守備主体のカットマンを二人鍛えてきました。他校にはないチーム構成ができつつありました。トップのレベルを引き上げるため，3年目の夏過ぎから，月一回開催される県の新人戦（協会主催で中高生対象）に出続けました。12月，カットマンの一人が名電高校（愛工大附属高校）の1年生の生徒に勝ち，中学生では上位に入りました。2月の西三河新人戦（個人戦）では，エースになったカットマンが優勝しました。その頃から，名古屋をはじめ県内から強い中学生が山奥の足助に練習試合に来るようにもなり，練習の質も高くなってきました。そして，4年目の6月，団体戦で名電中，前年度全国3位の鬼崎中を破り，全国大会の出場権を得ました。それから5年間は，毎年全国をねらえるチームが育つようになりました。

(2)　勝つための工夫・法則

①　死角のないフォーム，フットワークを確立する

「死角のない」と付け足したのは，将来的に高度な技術を身に付けて

いくのに，それまでのフォームやフットワーク（足の運び）が障害となってしまうケースがあるからです。中学時代に勝てればよいと考え，変則的なフォームでもよしとする顧問も見られます。しかし，インターハイを目指している高校の顧問は，たとえ全中に出場している子であっても癖のあるタイプには見向きもしないのです。それは，一度身に付けたフォームは修正が難しく，高校で必要な技術が身に付かないことが考えられるからです。

　また，チームとして勝つために，変則的な用具（木べら，粒長のラバーのショートマンなど）を使わせる顧問もいますが，これも高校では通用せず，その子の将来をつぶすことにもなってしまいます。勝つための近回りは，選手のためには決してやってはならないのです。

　特に留意したのは，フォアハンドのフォームの定着です。卓球は，肘を支点にボールを打ちます。バックハンドは，肘が脇腹に当たるため，個人差はでにくく，フォームが安定しやすいのです。しかし，フォアハンドは肘が体から離れるため安定を欠き，定着に時間がかかります。毎日きちんと見て修正し，正しく身に付けさせないとラケットとボールがフラットに当たらず，スマッシュが打てなかったり，ナックルボールに対応できなかったりします。結果的に伸びていかないのです。

　しかし，ある生徒からもっと大事なことを学びました。4年目でした。どうしても，フォアハンドを振る場合のラケットの軌跡がよくならない1年生の生徒がいました。ある日，ふと彼の腕を見たら，利き腕がわずかに曲がっているように感じました。両手を比べると利き腕の右の手が曲がっていました。事情を聞くと，小学生の時腕を折ったことがあるというのです。一律なイメージで指導を続けていた自分を反省しました。「スポーツの基盤に骨格や筋肉があり，フォームは骨格や筋肉で決まること」，そして，「一人一人のこうした個人差を理解し，指導を工夫すること」こそが自分のすべき仕事であると教えてもらったのです。

「球技で扱うボールはほとんどが丸い」卓球も同じです。丸いということは，無限に変化するということにつながります。卓球競技はこの変化にどう対応するかに尽きるのです。変化に対応するには，二つ方法があります。それは，「変化以上のパワーをボールに与える」か，「ラケットの当たる角度で変化に対応するか」です。非力な中学生です。パワーで回転を殺すことは難しいのです。非力な内は回転に逆らわず柔らかく返球する技術を身に付けさせなくてはなりません。そのためには繰り返しになりますが，正しいフォームが大切となるのです。
　また，ラケットの握り方がフォームの善し悪しを決めてしまいます。ペンホルダーであればなおさらです。初めてラケットを握る子を教えるケースが多い中学校の顧問は，この握り方の研究も必要です。私は，新しいラケットを手にした生徒の指に合わせ，全ての子のラケットを削ってきました。削り方で握り方が決まり，フォームが決まるのです。経験を積んだ選手は，変化するボールに対応し，瞬時に握りを変えています。一流の選手のラケットを握ってみると，それがすぐにわかります。指が動きやすい素直な削り方がしてあるのです。
　同様に，正しい足の運びも重要です。わずかな距離ですが，瞬時に前後左右，斜めと360度動くことができるフットワークを身に付けさせなくてはなりません。大学時代，バドミントンで有名な同級生がいました。彼が「卓球」の雑誌を読んでいたのに驚かされたことがあります。足の運びを研究していたのです。足の運びを決めるのは，足の指や足の裏の使い方と重心の移動です。自分の位置から個々の返球ボールに対して，正しい足の運び方をきちんと教える必要があるのです。
　② **練習の質を高める**
　ア　**顧問が見ていないときの練習を充実させる**
　　自分が見ているとき以外は練習をさせない指導者もいますが，他の業務もある教員には無理です。極論すれば見ていないときの練習が，全体

の練習の質を決めていると言っても過言ではないのです。

　足助中学校9年間勤務の後，附属岡崎中学校で3年間卓球部の顧問をしました。見ていないときの練習が大半でした。指導時間は平均すると，朝5分，帰り10分ぐらいであっただろうか。顧問になった当初，実力は岡崎市で13チーム中，最下位でした。

　練習試合の次の日，子どもたちに「勝ちたいか」と尋ねました。「勝ちたい」というので，「勝ちたければ頭を刈ってくること。2年生は来年の夏まで1年ちょっとしか教えられないからスポーツカット，1年生は2年半教えられるから坊主にしてきなさい」と伝えました。とにかく同じ土俵から出発させたかったのです。

　次の日，学校まで乗り込んできた大学教授の奥さんもいました。しかし，二人の1年生が真っ青に頭を丸めていました。一人は，医者の長男，一人はある会社の社長の長男でした。親に話したかと聞くと，二人とも同じことを言いました。「おまえは人生の師に出会った。刈ってこい」と父親に言われたそうです。

　2年生も，1年生と同様に全くはじめから教えました。カットマン2人（両面裏ソフトと片面粒長タイプ），シエークハンド（裏ソフト），速攻タイプ（裏ソフト）のタイプに分け，ラケットも変えさせました。性能が高く高価なラケットを持っていましたが，カーボン製など反発が良すぎて技術が身に付かないラケットばかりでした。フォームを作るには，自分の力で，しかも正しい角度で打ち返す訓練を重ねる必要があるのです。一番安いラケットをまず使わせました。指先や手，腕に響く打球感が欠かせないのです。

　高校進学の後，一流大学に進学していった子たちでした。吸収力はあり指示したとおりの練習をしました。見ていない時も同様でした。この2年生たちは，3年の夏の総体，岡崎・額田の予選会で3位になり，西三大会に出場することができました。

イ 「パターン練習」を練習の中心に置く

　足助中学校は，スクールバス，定期バス通学者が半数近くおり，朝練習に全員が揃うことは不可能でしたので，基本的には自由練習を貫きました。放課後の練習も限られていました。特に冬場は30分にも満たないのです。しかし，毎日の繰り返しの練習は必要です。「球にふれる時間を平等にする原則」に立ち，与えられた時間と台数，そして，部員数から考えて，次のような方法をとりました。

　まず，練習の基本はパターン練習にしました。決められた時間の中で練習の質を高めるために，無駄な練習をしないことです。サービス，レシーブ，2球目，3球目，4球目，5球目，6球目といった試合で使う技術（パターン）の習得とその精度を上げていくことに練習の大半をつぎ込んできました。サービスからのフリー練習は，2人で台を占有することになり無駄が多く，時間のあるとき以外はさせませんでした。

　男子に与えられた台は4台，当時，部員は平均して30名から40名いました。4月から7月までは，1年は別メニューで特別に時間を取り，球を打たせるときはタイプ別に2，3年生に指導させました。この間の2，3年生の練習と8月以降の1，2年生の練習は全員が台について練習できるよう工夫しました。4台を30人前後が使うのです。1台を8人で使い，A～Dグループとし，1グループを2班に分け，この2班が台についた練習とトレーニング（柔軟，ランニング，筋力，素振り，ショドウプレー）を時間の半分で交代する方法です。この4人1組の班は，月に1回行うランキング戦（学年の枠なし）で決めていました。

　上位グループと下位グループの入れ替え戦（下位2名と上位2名で行う）も同時に行いました。部員のランキングは常に全員が把握しており，団体戦は，8人をレギュラーとし，上位4人は特別のことがない限り試合に出させました。レベルを揃えたこの練習とともに，ランキングをはずし，強いもの4人を台につかせ，全員を等質に4分割し，パターン練

習を回転しながら行う方法もとりました。ボール拾いは各自が行うので時間の無駄が無く，集中力も途切れることはありませんでした。同じパターンをノーミスで10回連続成功させると，次の練習に移るといった方法も入れ，集中力を高める工夫もしました。

その他，ボールをたくさん使い，一人ひとりを鍛える方法も休日練習では行いましたが，常に試合で使う場面を想定したり，ゲームでミスをしたパターンを想定したりするなど重点的に指導することを心がけてきました。

ウ　問題意識を常に持たせる

フリーの朝練習を見ると，本人の意識が伺えます。特に試合のあった次の月曜日の朝，練習ぶりでその子の意識の高さがわかります。卓球は基本的に個人で戦うスポーツです。いちいち指導者の指示を仰ぐようでは戦えません。自ら常に問題意識を持ち，自分の戦法に必要な技術を自ら身に付けていくように育てていかなくてはならないのです。もちろんチームとして団体戦で戦う限り，チームとしての戦略の中で，その個人にどういう力を付けていくのかという視点を，指導者は持たなくてはならないのは言うまでもありません。

(3)　わが教師人生に悔いなし

私は，新任教員として，母校の足助中学校に帰ってきました。そこで，高校時代に心に秘めた「ふるさとのレベルをあげたい」という一心で，子どもたちと部活動に燃えてきました。そして，教員生活の最後をまた，母校である足助中学校で迎えることができました。

多くの仲間や教え子に囲まれて，何と幸せな教員生活だったことでしょうか。

これからの次代を築いていく若い教師のみなさん。あなたたちの燃える情熱を待ち望んでいる子どもたちのために部活指導に挑んでください。

2 全中予選で勝つ極意

豊田市立益富中学校教諭　渡　元春

(1) いつかみんなで勝利を喜び合えるチームを創りたい

　私は，兵庫県北部の山間部に位置する八鹿町で生まれ育ちました。小学校時代は，学校から帰れば宿題はそっちのけで，いちもくさんに友達と日が暮れるまで遊んでいました。

　そんな日々を送っていた私も中学校に入学し，部活動を決める時がやってきました。私には，三つちがいの兄がいます。小学校時代からやんちゃをしていた兄が選んだ部活が野球部。野球部といえば，学校の中で運動能力が最も高い生徒が入部する部でした。そんなつわものが集まる野球部に入部してしまった兄は，当然レギュラーになれるはずはありませんでした。試合に出られない悔しさを，自分のチームの仲間に暴言を吐くことで紛らわすしかなかったようです。両親が，顧問に呼び出され，謝罪のために学校へ行く姿を私は，ちょくちょく目にしていました。

　こんな兄の3年間を見てきた私にとって，部活の選択の条件は「レギュラーになれる部活」となったのはいうまでもありません。そこで白羽の矢を立てたのが，1年生部員が少ない部。卓球部だったのです。

　当時の八鹿中学校卓球部は，郡大会で1勝するのが精一杯で，地区大会にも出場したことがない弱小チームでした。そこで，私は2年間努力し，個人戦では近畿大会まで駒を進めることができました。しかし，団体戦では郡大会で1勝しかすることができませんでした。だから，勝って喜べるのはいつも独りでした。

　この虚しい経験が，私に，いつかみんなで勝利を喜び合えるチームを創る教師になりたいという夢を与えてくれたのです。私は，自分自身が

果たせなかった，チームでの全国大会出場をかなえるために，教師になったのです。

(2) 憧れの教師になって

　教師になれた喜びもつかの間，私が赴任した中学校には，卓球部はなかったのです。何度も何度も校長にお願いし，なんとか女子卓球部を12月から創部することになりました。希望者を募ったところ，テニス部から3名の生徒が卓球部に入部してくれました。練習場がないため，木造校舎の廊下での練習でした。部員数の確保がやっとで，団体戦ではチームを組むことすらぎりぎりの状態でした。

　この新任からの5年間で2回の屈辱を味わうことになりました。今振り返ってみても，この屈辱がなければ，次の赴任校足助中学校での全国大会出場はなかったことでしょう。

　1つは地区でも上位の実力を有する中学校との練習試合の機会を得たときのこと。当時の部員は，1年生を含め6人でした。団体戦を最初に1度行い，その後は個人戦を行っていく方法でした。団体戦では，一人として1セットもとることなく終了し，個人戦にはいっていきました。すると，団体戦に出場した相手選手は誰一人として個人戦には参加してきませんでした。また，何試合か行っていくうち，自校の生徒はコートに入って試合開始を待っているにも関わらず，相手の選手はコートに入らないという状況がうまれてきました。つまり，本校の生徒は相手として物足りないということです。

　もう1つ，初めて他校が練習試合にきてくれる話が舞い込んできた時のことです。試合が始まると，なんと，本校の生徒は連戦連勝です。帰り際に，他校の監督がこう言われたのを今でも忘れません。「次はレギュラーを連れてきますね」と。

　私にとって，この2回の事件が，以後の監督人生を大きく変えること

になりました。新任から5年勤めた後，足助中学校に転勤しました。足助で10年間卓球部男子をもたせてもらいましたが，最初の2年間はうまくいかず苦労しました。私の指導法も未熟だったせいか，これといった成果をあげることもできませんでした。また，練習試合の申し込みに他の中学校に電話をしても，別の理由をつけて断られることもある始末でした。県大会団体出場までに4年の月日を要しました。

　その時の1回戦で対戦した愛知工業大学附属中学校との出会いが，その後の私や生徒に目標を与えてくれました。全国制覇を幾度となく成し遂げ，その年にも全国を制覇したこの学校の練習が一度見てみたいと思い，思い切って監督に電話をしてみたら，意外にも簡単にOKでした。わくわくとした気分で，その日を迎えました。見学のつもりで出かけたのですが，監督から「ゲームをしなければ来た意味がありませんよ」と驚く提案をいただきました。相手は2軍でも十分なところですが，常にレギュラーがコートに立ち，本校の生徒に対し，1本1本真剣に打ち返してくるのです。どんなに相手が弱かろうが，大きな声を出し，勝負を挑む姿がありました。まさに私の理想とするチームとの出会いでした。

(3)　全中予選で勝つ極秘

　足助中学校の卓球部員には，小学校時代どこかのクラブに所属していた生徒は一人もいません。子供会で夏に卓球をやってみて，楽しかったという程度です。ラケットもにぎったことがない生徒が，中学校の2年と2，3か月で東海大会，全国大会へ出場するなど，どう考えてもあり得ない話です。地区大会上位，あるいは県大会以上に出場するチームには，必ず小さい頃からクラブに通い，腕を磨いてきた選手がいます。

　こうした選手に全中予選で勝つために，私が実践してきたことがあります。それは，夏の全中予選まで大会に出場しないことです。全くでないといえば嘘になりますが，勝てるようになるまでは大会には出場させ

ませんでした。出場する試合には，優勝する力がついたと確信してから出させるようにしました。ですから，チームが弱ければ，夏の全中予選まで公式戦はもちろん，練習試合すら一度も出なかった年もあります。その理由は一つです。

「選手に負けの意識を植えつけたくない」ということです。中学校からラケットを握った選手が，小学校からの経験者に最初から勝てるはずはありません。試合をすれば間違いなく負けます。すると，生徒の心の中には「この選手には勝てない」というトラウマが残ってしまいます。

「最後の全中予選の一発勝負で勝てばよい」と，それだけを考えていました。

(4) 足でかせぐ

練習では，大会前になると過酷なメニューを選手に課します。フォア打ち，バック打ち，ドライブを，各々ノーミス往復五百本というように気の遠くなるようなことに挑戦させます。もちろん，それをクリアするためには，強靭な体力と精神力が必要です。それを作っているのは基礎（足，体）と基本（フォーム）だと私は考えています。決められた時間の中でのランニングや腕立て伏せ，スクワット，鉄アレイなどのトレーニングは，一見，コートでの練習時間を減らし，技術向上の妨げになるような気がします。ところが，打球するときにはいつも十分な体勢で打てるとは限りません。体が崩れた状態で打球を余儀なくされることもあれば，体勢をベストな状態に戻して打球する場合もあります。どちらにしても，それを支えている足や体がしっかりとしていなければ，よいボールは打てないということです。

入部してからの1ヵ月は生徒に徹底的に素振りをさせます。フォア，バックそれぞれ100回を10セットさせた後，多球練習でフォームチェックを並行して行いながら，正しいフォームに改善していきます。このス

タートを間違えると，後々修正するのに多大な労力を費やすことになります。逆にいうと，スタートを間違えなければ，確実に伸びていくのです。「足助中学校は夏にぐんと伸びてくるからこわい」と噂されていました。それは，基礎と基本を重点的に行った結果だったのです。

(5) 師匠はOB，親，高校生，大学生，実業団チーム

足助中学校では平日，休日の部活動以外に週に3回，1時間半の夜間練習を行っていました。そこにOBや生徒の親が応援にきて，親身になって指導をしてくれました。また，休日には高等学校や大学，実業団チームの練習場に足を運びました。そこでのアドバイスや直接の指導が生徒たちにとっては，財産になっていきました。

生徒がアドバイスを受けているときには，そのそばで私も聞くように心がけました。全員の生徒へのアドバイスを聞けるわけではないので，練習後に直接生徒から聞いたり，卓球ノートに書かせたりして，必ず私も勉強するようにしました。その中には，私が普段練習中に何度も言っていることもあれば，新しい視点でのアドバイスもありました。すべてのアドバイスに共通していることは，「生徒たちのために，間違ったことはひとつもない」ということです。そして，教えてもらったことを選手も私も意識をして，学校内での練習に活かすように心がけました。まさに高校生や大学生，実業団の方々は，その選手にあった指導をしてくれる私にとっての師匠なのです。

(6) 絶妙のタイムアウト

15年度の東海大会では，予選リーグを全勝で終え，その後決勝トーナメントに勝ち進むものの，全国大会をかけた試合で惜しくも2-3で敗れてしまいました。

その1年後，再び東海大会に勝ち上がりました。私にとって，足助中

学校での最後の年でした。予選リーグでは全国大会出場の大本命といわれていた学校に破れ，2位で決勝トーナメントに進みました。相手は，1位通過の岐阜県No.1のチームです。これに勝てば全国大会の切符を手にすることができます。

　オーダー交換で，対戦選手がわかった瞬間，この試合はダブルスが負ければ終了ということを咄嗟に理解しました。相手のエースは4番にさがって，2番手，3番手の選手がダブルスとラストに控えているのです。試合は予想通り，前半の2人があっさりと勝ち，勝負はダブルスにゆだねられました。後半の選手はダブルスと並行して進み，相手選手が有利に展開していました。ダブルスも2セット先に先取され，その後2セット取り返し，勝負は最終セットに流れこんでいきました。前半の5点を先にリードして折り返し，スコアは9－5。あと1点とられたら，タイムアウトをとることを決めていました。それは，西三大会でのバレーボール部の出来事が頭にこびりついていたからです。県大会出場をかけた試合で，最終セットを中盤までリードしていた足助中学校が，先にマッチポイントをにぎられた時点で，タイムアウトをとりました。しかし，試合は敗れました。その試合を一緒に応援していた藤澤卓美校長が「もしリードしていたときにタイムをとっていたら，どれだけ相手チームにプレッシャーを与えていたか」とつぶやかれたのです。

　そして次の1本，予想通り相手が1点を奪いました。まさにそのときがやってきたと思いました。すかさず，審判に手でTの文字をアピールしタイムアウトをとりました。選手2人にかけた言葉は，「まだ，大きなリードがある。気持ちを落ち着けてゆっくりいきなさい」。

　私の気持ちをおさえるかのように諭しました。その後，目の覚めるような攻撃で2点を連取し，私が中学校の部活引退の時に夢描いた「チームでの全国大会出場の切符」をとうとう手にしたのです。

陸 上

　各々の能力に応じた活動ができるため，中学生にとっては，人気の高い部活動です。個人競技のように思われがちですが，チームの意識を高めることに多くの工夫があります。スポーツの中で最も単純であるだけに，そこには奥深い人間教育があります。

❶　子どもたちのお陰
片桐常夫（豊田市立山之手小学校校長）1958生
- 全国中学校駅伝大会6年連続出場（7位入賞1回）
- 愛知県中学校駅伝大会優勝8回
- 愛知県中学校陸上競技大会総合優勝1回

❷　走った距離は裏切らない
後藤誠二（豊田市立逢妻中学校教諭）1966生
- 愛知県中学校駅伝大会男子2回，女子1回出場

❸　思わず120％の力を出してしまう練習方法
後藤真理子（豊田市立山之手小学校教諭）1980生
- 西三河大会準優勝
- 愛知県大会準優勝
- 全国大会出場

1 子どもたちのお陰

豊田市立山之手小学校校長　片桐常夫

(1) 書ききれなかった最後の一行

　卒業を控えた1月のある日，K男が朝の学習に遅刻をしてきました。今は部活動も引退し受験勉強に熱を入れている彼。しかし，それを見た私は，担任に「K男に明日もう一度，朝部に来るように言ってください」と頼みました。K男は体も小さく，走るのも速くない子でした。しかし，毎日一番に運動場に出て，自分の体より大きいトンボを引っ張ってグランド整備をしていました。私は，そんな彼が大好きで，一番の優れた部員だと思っていました。いや，生涯思い続けるに違いありません。そんな彼の遅刻を，私はほって置くわけにはいかなかったのです。

　次の朝，私は「きっと彼は来る」という妙な確信を持って，いつもより早い午前5時30分に学校に行きました。午前5時50分，グランドからカラカラという音が聞こえました。職員室にいた別の教員が「だれだ〜」と声をかけると，「3年5組K男です」と返事が返ってきました。彼はやっぱり来ていたのです。陸上部員だったころと同じように，凍った運動場にトンボをかけていたのです。

　彼は，体育のテストで次のように書いています。

K男の答案

……略……あの時は，僕が走れる最後の大会だったと思う。走る前に3年間を思い出していた。そのときは緊張なんてなかった。走る前に片桐先生のところに行く機会があって，そのときに「ベストの走りを」って言われた。だから，「やるぞー」としか思ってなかった。地面がガタガタだったから，土を手でならして「いちについて」っていわれて「よ〜い」そしてピストルがなって走りだした。なんで僕をいろいろな試合に出させてくれた

> のか。
>   それは一生

　彼は，陸上部で学んだことを，時間がなくて書くことができませんでした。私は，陸上部通信「走れ力の限り」で，この作文を紹介しながら，次のように書きました。

> 　K男よ，やっぱり君は忘れていなかった。このグランドで学んだ一番大切なことを。
> 　K男よ，君が作文で書ききれなかった最後の一行は，ちゃんと読めるよ。

　陸上で大切にしたいことは，タイムではありません。タイムを出すためにどこまで一途になったかなのです。それも，彼のように，グランド整備という影の努力ができる人になってほしいのです。

　彼は，その後も毎朝グランド整備をし続けました。そして，受験勉強に励み，見事に志望校への合格を果たしたのです。

(2) 百聞は一見にしかず ―甲府の全日中へ―

　赴任先の陸上部は，4月からは廃部と決まっていた陸上部でした。人数も少なく，実績もありませんでした。そこで，大きな夢をもたせるために，生徒たちに全国大会を観戦させることが必要だと考えました。

　平成7年の夏は，甲府で全日中が開催されました。そこには，私の中学校の同級生で，陸上の指導では全国に名の知れた松井教諭が末野原中学校を率いて出場していました。女子のリレーで全国制覇を狙っていたのです。松井教諭は，中学校時代から長距離選手として学校代表で活躍していました。駅伝のCチームの補欠だった私とは，大きな違いがありました。私は，彼の凄さを見たお陰で，陸上の魅力に引き付けられたとともに，活躍できない悔しさを生涯の心のバネとすることができたように思うのです。だから，彼が，鈴木選手（100mオリンピック出場）や

内藤選手（110mH オリンピック出場）など一流選手を育てるのに対して，私は，賞状をもらったことがないような生徒に，何とかして賞状を取らせることに必死になっていました。つまり，生徒を通して自分をそこに見ていたのかもしれません。

　甲府の陸上競技場の木陰のテントで，リレーの選手を集めて指示を出している彼は，まるで魔法使いのように見えました。そして，それを聞いてレースに出場しようとする生徒の姿を見て，これが同じ豊田市の中学生なのかと思ったのを今も忘れることはできません。私の連れて行った生徒たちも，きっと同じような驚きをもったことでしょう。そんな中で，生徒も私もまったく同じ思いだったことがあります。それは，「私も全国大会に出場したい」という思いでした。

　甲府を後にする車中で，私は「陸上選手を育てることは，人間を育てることだ」と考えながらハンドルを握っていました。生徒はきっと全国大会に出場する自分の姿を夢見ながら寝ていたに違いありません。

(3) リクルートの合宿所へ，小出監督に会いに

　生徒に全国大会を見せた私は，さらに生徒の心を膨らませてやりたいと考えました。そこで，当時日本の長距離界のトップだったリクルートの選手を見学に行くことを考えました。

　しかし，突然「会わせてください」といってもかなう話ではないと思い，当時豊田大谷高校陸上部顧問の倉橋さん（小出監督の佐倉高校での教え子）に「小出監督に会いたい」と話をしてみました。すると彼女は，すぐに小出監督に連絡をとってくれました。さっそく私は，千葉県佐倉市のリクルート合宿所へ一人で出かけました。今から考えれば，随分無鉄砲な行動だったと思います。中学校の陸上部顧問が，世界でメダルをとるほどの監督に会いに行ってしまうのですから。

　合宿所についたのは，暗くなった午後7時すぎでした。応接室の椅子

に腰掛けて待っていると，有森選手がお茶を出してくれました。ちょうど有森選手が，オリンピックで銅メダルをとった直後でした。

　小出監督は，気さくにいろいろなお話をしてくださいました。次の日は，朝の練習の見学をさせてもらうために，小出監督の運転する車の助手席に乗せていただきました。そのときに「先生のように，愛知から一人でやってくる熱心さがすごいね」と褒めていただいたことが，私の指導者としての大きな自信につながったのです。

　豊田へ帰った私は，生徒たちをリクルートの合宿所へ連れて行くことを考えました。平成８年の３月，希望者を募り，春休みを利用してリクルート合宿所へ向かいました。合宿所に着いた生徒たちは，【有森】という部屋の名札を見ただけで大喜びでした。

　なんという幸運か，その合宿所には，大森監督が率いる埼玉栄高校（当時の全国高校駅伝優勝校）がいました。生徒たちは，実業団と高校のトップ選手と一緒に走ることができたのです。早朝から14キロのロードワークという，生徒たちにとっては，酷なメニューでしたが，うれしさと勢いでこなしていたようです。２日目には，千葉の昭和の森でクロスカントリーを行うことになりました。そこでは，埼玉栄の生徒が引っ張ってくれ，遅れそうになると後ろから押してくれました。今から考えれば，「高校のトップアスリートに，迷惑をかけてしまったな」という思いです。しかし，彼女たちもそして大森監督もまったくそんな素振りは見せませんでした。「『優勝』の『優』の字は，優しいと書く。心が優しくなければ優勝できない」と，私は思います。

　こうして，日本のトップ選手に会い，希望を胸いっぱいに膨らませた中学生は，その後，自分の可能性を大きく伸ばしていったのです。

⑷　選手が出場できないなら，運転手で

　平成７年，赴任して１年目の前林中学校は，駅伝では市内20番目ほど

の実力しかありませんでした。しかし，4月から12月のおよそ9ヵ月で，2年生1人と1年生4人のメンバーが，西三大会を優勝して県大会出場を決めたのです。タイムの伸びをみると，県大会優勝（全国大会出場）の期待もでてきました。

　敵は，親友の小寺監督が率いる尾張旭中学校でした。結果は，10秒差の2位。生徒たちは，全国の壁の厚さと負けた悔しさをしっかりと味わうことになりました。

　そこで，私は，第3回全国中学校駅伝大会へ男女アベック出場する尾張旭中学校の荷物を車に積んで，会場の熊本まで12時間かけて出かけることにしました。「全国大会の空気を吸いたい」「来年出場したら，生徒たちに説明できるようにしておきたい」そんな気持ちでした。

　そのとき，快く私のわがままを聞いてくれ，出場校の教師のように会場に同行させてくださった小寺監督に今でも感謝しています。

(5) 常に子どもの前に

　私は，常々子どもの前に立つことを心がけています。どんなことがあっても，子どもの前に立つことが最優先なのです。

　3年連続で，全国大会出場を果たし，指導も軌道にのっていたときです。私に，教職員組合の執行委員の話がありました。部活の指導時間が減ることはわかっていましたが，断ることのできるものではありませんでしたし，声をかけていただいたことに感謝しました。

　そこからは，「いかに生徒の前に立つか」の戦いでした。学校が休みの日に，午前9時から執行委員会が行われることがたびたびありました。そんなときは，7時から部活動を始め，移動時間ぎりぎりの8時半まで指導を行いました。着替えをする時間がもったいないので，着替えは移動の車のなかで行いました。信号で止まるごとに，シャツを一枚脱ぎ，次の信号でカッターシャツを着て，さらに次の信号で，靴下を脱ぐとい

う具合です。そこまでしてでも，子どもの前に立ちたかったのです。「執行委員だから部活動ができない」とは，決して言いたくなかったのです。

　また，夜の執行委員会に出なければならないときに，部活動で生徒を叱ったまま学校をさったことがありました。そんなときは，執行委員会の休憩のたびに廊下へ出て，生徒の家に電話をし，その後の様子や生徒の気持ちを聞いたり，翌日の取組の指示を出したりしていました。会議中に生徒のことを考えていたことも実はあったのです。

　朝の練習も，必ず生徒の前に立って指導をしました。「早起きは三文の徳」の言葉通り，私は，朝の練習を大切にしました。どんなに，量を落とした練習のときも朝の練習だけは行いました。

　ただ，1年365日のなかで，3回ぐらい私も寝坊することがありました。そんなときは，高速道路を使い学校へと急いだのです。しかし，途中で顔を出したのでは，指導に力が入りません。生徒と顔を会わさないように校内に入り，さも最初から見ていたかのように，放送で「ジョグは，腕振りをしっかり」と指導するのです。こうして生徒に「やっぱり先生は来ていたんだ」「どこからでも私たちを見ているんだ」と思わせていました。年に3回の失敗も，ただの失敗に終わらせないように，そこまでしていました。

(6)　小学生に

　平成14年の3月に，中学校の陸上界から離れ，平成14年と15年は小学校の校務主任として勤めました。そのときに，「小学生に陸上の楽しさを教えたい」という気持ちから，夏休みに陸上教室を開くことにしました。午前7時から8時までのたった1時間でした。ラジオ体操のかわりにでもなればと思ったのです。6年生に混じって，妹や弟もいました。なかでも，1番張り切っていたのが，小学1年生の原田さんと橋本さん

でした。

　自分は，部活動で最も重視するのが，あいさつと行動の早さです。とりわけ，素早い集合は重視しました。この二人は，そんな私の気持ちをわかっていて，「集合」と号令をかけると，いつも私の目の前に一番にあつまっていました。そんな，彼女たちが練習にも全力で取り組むことは，言うまでもありません。そして，私もそれに答えるかのように，彼女たちに声をかけ褒めたり励ましたりしました。つまり，その2年間の陸上教室での，一番弟子であったのです。

　時がたち，平成21年の10月，豊田市運動公園での新人陸上競技大会に行くと，原田さんと橋本さんが竜神中学校の陸上部で頑張っていました。「リレーで全国大会を目指している」と聞き，小躍りしました。目の輝きは，小学1年生のときと変わっていませんでした。

　何かに打ち込み，一生懸命頑張ることの楽しさや幸せを感じられる人になってくれることが，私の幸せなのです。

　校長となって2年目の今年の夏も，小学生を相手に陸上教室を開いています。肥満で走ることが苦手な小学2年の茄子田さんが今年も来ています。そんな頑張り屋の彼が大好きです。彼は陸上選手にならなくても，この陸上教室で頑張ったことを生涯忘れないと思うのです。

　そして，私の行動を良く見ていて，集合がかかると，真っ先に集まる佐久間さんや鈴木さんがいます。いつでも心を躍らせて参加してくれる子がいます。

　「走ることが速いとか遅いとかではなく，心を躍らせて生きていく子どもを，大切に育ててあげたい」

　サッカー好きの6年生の野尻さんが，母親に「将来，僕は，校長先生になる」と言ったそうです。なんともうれしい話です。

　「ひまわりは，陽のあたる方へと伸びてゆく」私は，これからも，子どもたちに，陽を当て続けていきたいと思っているのです。

2 走った距離は裏切らない

豊田市立逢妻中学校教諭　後藤誠二

(1) 走った距離は裏切らない

「走った距離は裏切らない」は，アテネオリンピック女子マラソン金メダリストの野口みずき選手が座右の銘としている言葉です。「走った距離」とは，もちろん練習のことです。練習を重ねたことは，必ず成果があがるという意味が込められています。

私は，「走った距離」を「努力」に置き換えています。人として成長するために「努力」の大切さを伝えていきたいと考えています。陸上競技を通して「努力すれば必ず成果があがる」ことを実感すれば，その子の人生にきっと役に立つだろうと思い日々の指導にあたっています。

(2) 短時間の練習で成果をあげる

こんな光景を目にすることがあります。生徒が集まって自分たちであいさつをし，ウォーミングアップを始めます。ある程度が終了したころに，やっと顧問が登場しメインの練習に入っていくという光景です。

私は，このようなことは決してさせません。顧問と生徒が共にあいさつをしてから練習をスタートします。短い練習時間であるからこそ，生徒が準備をしている段階から指導していくことが大切だと考えています。準備の様子を見るということは，生徒の心の調子を知ることにつながります。「あいさつがきちんとできる子」，「どんな準備をしたらよいのか考えて行動できる子」，「てきぱきと指示の出せる子」など生徒の良い面を知ることができます。反対に「いつも時間ぎりぎりに来る子」や「準備になかなか手が出せない子」などマイナスの面を見てしまうこともあ

ります。また「いつも元気にあいさつをするA子に元気がない，疲れがたまっているかもしれない」「B男は最近早く来られるようになった。やる気がでてきたかな？」「C子の表情がよくない，親とけんかでもしたのかな？」など，様々なことがうかがい知れます。

　このことは，学級担任が朝の会で健康観察をすることと何ら変わりありません。当然，練習の終わりも，グランド整備と片付けまできちんと見届け，全員がそろったところであいさつをして終了します。終了後に，グランド整備をさせることはありません。準備と同じで，グランド整備や片付けも大切な練習だからです。さらに，帰りの練習後は最後の一人が校門を離れるまで見届けるようにしています。

　本校陸上部は，2時間以内で練習を行うことを目標にしています。私見ですが，生徒の集中力はせいぜい1時間から1時間半くらいのような気がします。生徒が集中できている間に，いかに効率のよい練習をするかがポイントです。集中していない練習は疲労がたまるだけでなく，けがや練習のムードを崩すことにつながります。

　短時間に集中させるために，座って休憩させることはありません。アップシューズからスパイクへの履き替えも，数十秒でやらせます。そして「ストレッチをする」「他の生徒を応援する」「片付けられる物は片付ける」など，常に周りや次への動きを考えた行動を意識させています。これは，集中力を切れさせないようにすることと，チーム全体の練習に対する緊張感を保つためです。顧問も全員が立って指導をします。4人の顧問は，一言アドバイスをしながら常にグランド中を動き回ります。このアドバイスの積み重ねこそが，無駄な時間を省くことなのです。

　練習時間を短くすることで，生徒に時間的余裕ができることは，最も重要なことです。中学生ですから当然，学習をしなければなりません。家族との時間も大切です。地域の活動にも積極的に参加すべきです。

　私は一流の選手ではなく，一流の中学生を育てることが大切だと思っ

ています。ですから，学習も家庭も地域のことも決しておろそかにさせてはならないのです。たまに，休日に1日中練習をすると，次の月曜日に完全に疲れがたまった状態で登校してくる生徒がいます。「だるくて授業に全く身が入らない」では，何のための部活動か分かりません。

　短い時間でも「集中した質の高い練習をこつこつと積み上げる」。そして，「学習も家庭も地域も大切にする」。これが，本校陸上部の揺るぎない考え方となっています。

(3)　4月6日の引退

　そんな陸上部で3年間走り続けたH子を紹介します。彼女は長距離の練習に励んできました。自己記録は1500mが5分50秒，3000mは12分10秒とお世辞にも速いといえる選手ではありませんでしたが，こつこつと努力を重ねる姿に，陸上部の誰もが尊敬の念を抱く生徒でした。

　H子は夏の大会が終わっても，駅伝を目指し練習を続けました。これまでと同様，毎日こつこつと走り続けました。しかし，彼女の実力では，補欠になることさえできませんでした。彼女は悔しがるそぶりも見せず，全力でチームを応援しました。その年，女子駅伝部は県大会初出場ながら8位入賞を手にすることができました。選手は3年生1人，2年生2人，1年生2人の若いチームでした。3年生のH子は，部のお母さんというような雰囲気で，選手たちを温かく迎えていました。

　県大会が終わっても，H子は練習を続けました。「朝練習だけは続けさせてください。やめると生活のリズムが狂ってしまいそうで……」と言うのです。結局，彼女は卒業しても練習に通い続け，4月6日「今までありがとうございました」の言葉で引退しました。高校の入学式前日のことでした。これまで高校に入っても陸上を続けるからと言って，卒業後も練習に来る生徒は何人もいましたが，4月になってからも練習に来た生徒とは初めて出会いました。

3 思わず120%の力を出してしまう練習法

豊田市立山之手小学校教諭　後藤真理子

(1) 理想と，現実の狭間で……

　中学時代の陸上部の顧問の先生に憧れて進んだ教員への道。初めの2年は小学校勤務。3年目に中学校に勤務が決まり，陸上部の顧問をさせていただくことになりました。

　ワクワクして向かったグラウンド。しかし，現実は甘いものではありませんでした。教員3年目，いきなり顧問になった私の話など聞いてくれるわけがありません。「この人，なにいってんの？　勝手にやっとけば」の世界です。教師面をしても生徒たちとの距離は広がるばかり。

　私は「言葉じゃない，とにかく一緒に走ろう」と決め，生徒たちを誘ってとにかく走りました。私が唯一できることは，一緒に辛さを共有し，励まし合いながらトレーニングすることでした。そんな中，私を信じてとことんついてきてくれた生徒が，県大会2位，東海大会3位の結果を残してくれました。その時「この先生を信じて自分もついていこう」と生徒たちの心が動くのを感じました。顧問2年目の夏のことでした。

(2) 子どもたちの人生を預かったという責任感

　「陸上部の顧問をする」＝「子どもたちの1度きりの人生を預かる」ということ。技術の面でも「No.1」，心の面でも「No.1」の選手を育てることが私の使命と思い，6年間顧問をさせていただきました。

① 技術で「No.1」

　「的確で，理にかなった技術指導ができる指導者でなければ子どもに失礼だ」と思い，とにかくたくさんの本を読んで勉強しました。また，

大学，高校，名門中学校にお邪魔し，たくさん勉強させていただきました。その中で確立した，最高峰の走の「イメージ」。それを次は，徹底的に形にすることに力を注ぎました。

② 「何のためにやるのか」を明確化した徹底ドリル

陸上競技において「走の基本」は命。徹底的に動き作りを行いました。

そのときに「何のために」「どこの筋肉を使って」「何に意識を置いて行うのか」を，よく考えて取り組むことを徹底しました。ただ，何となく行う練習は，全く意味がないのです。自分の体を，自分でコントロールできる選手を目指しました。また，お互いの動きを見て，アドバイスしあったり，補助しあったりできる目と知識を育てる指導も徹底して行いました。それにより「動きを見極め，アドバイスする力」が非常に高まり，結果，選手たちの技能の飛躍的向上につながりました。

③ 心で「No.1」

部活動の指導で，一番重点を置いたのは「心」の指導です。「たとえ，日本一になったとしても，皆に尊敬され，心から応援される人でなければ意味がない」というのが，私がいつも生徒たちに伝えてきたことです。そのために，毎日生徒たちに実践させたことは，次の３点です。

　ア．心のアンテナを高くする
　イ．感謝の気持ちを常に持ち，形にする
　ウ．物と，心の整理整頓を徹底する

「心のアンテナを高くする」とは，常に，よく気づき，よく動く選手であれ，ということです。「目配り，気配り，心配り」を合言葉に，常に周囲に目を向け，さりげないサポートをし，人のために一番動ける選手を目指しました。「これができなくては，とことん自分と向き合う陸上競技において自分を磨くことはできない」と話してきました。そして「人のために動くことができない選手は，誰からも応援されない」と。

「感謝の気持ちを常に持ち，形にする」とは，自分一人で生きている

のではないことを常に心に置く，ということです。部活の最大のテーマは「恩返し」です。陸上部の保護者の方は，本当に熱心で，理解のある方が多かったです。試合の応援はもちろんのこと，子どもたちのためにできることは，どんなことでも力を貸してくださいました。「そんなすばらしい保護者がいて，今の自分たちがいる」ということにも気付かず陸上をしているようでは，強くなる価値がないのです。そのため，常に「ありがとう」の気持ちを言葉にして伝え，また家の手伝いを毎日続けるよう，指導してきました。

「物と，心の整理整とんを徹底する」とは，靴，鞄，服，どんなものも，そこに「心を添える」ことを忘れないということです。自分の持ち物は，自分が最高のパフォーマンスをするために欠かせないアイテムなのです。それをおろそかにする者に勝利はない。どんなものにも，心を込め，心を添えることを徹底させました。

また，自分の心が向かうべき道をはっきりとさせ，心をコントロールできるように「目標シート」「一日のタイムスケジュールシート」を書かせました。目標を達成するために，何を，いつまでに，どんな方法でできるようにするのか，細かく書く作業を取り入れました。それにより，心を整理することができ，目指す方向，方法が明確になり子どもたちの意識の向上につながりました。

こういったことを，毎日話し，実践し，確認し，徹底する。この繰り返しで子どもたちの「心でNo.1」を図ってきました。

(3) **思わず120％の力を発揮してしまう練習内容**

心，技術がそろったところで，やはり必要となってくるのが，トレーニングです。その中で，私がいつも大切にしてきたことは，「思わず本気になってしまうメニュー」を組むことです。例えば，インターバルを行う時も，ただ走ることはしません。毎回，選手権形式にし，とにかく

競わせるのです。すると「よっしゃ，勝った！」「記録が伸びた！」と子どもたちは大騒ぎです。「最後まで，全力で走らなきゃだめよ」なんて言葉は必要ありません。勝手に「120％」の力を出してしまうのです。他にも，走力の差によって，スタートラインを変えて競争させたり，自己記録から設定タイムを出し，自分の記録と競争させたりすることで，練習の「質」が格段に上がり，記録の向上につながりました。その結果，県大会でもチームとしてやっと戦えるまでに成長したのです。

(4) 与えられた試練

　顧問最後の年となる6年目の夏。1年生の時は市内大会でも全く通用しなかった生徒たちが，自ら厳しいトレーニングを求め，心を磨き，3年の夏には県でトップレベルの選手に成長しました。そして「リレーで絶対に全国にいく」という目標を掲げさらに厳しい練習に励みました。

　県総体で1位になったチームのみに与えられる全国への切符。その前哨戦となる県通信大会で，2位となり，全国まで，あと一歩というところまできました。そして迎えた，県総体の予選会となる西三河大会。なんとチームの一番の武器であるバトンパスを失敗し，失格してしまったのです。その瞬間，全国への道は閉ざされました。県の決勝で，もう一度勝負するはずだったのに……このメンバーで，全国へのバトンをまだまだつなぐはずだったのに……。「先生，ごめんなさい」と声を上げ，泣き崩れる子どもたち。チームのため，家族のため，全てをかけてやり抜いた子たちなのに……顧問としての自分の未熟さを痛感し，ただただ「ごめん」と謝ることしかできませんでした。何百回，何千回とつないできたバトン。こんな終わり方をするのが信じられなかったし，信じたくありませんでした。

　そんな時，大きなチャンスが舞い込んできました。その年から，秋に愛知県でジュニア・ユース陸上大会が開催されることになったのです。

その中学のリレーの部に招待されるという話をいただいたのでした。

　高校受験も控え，部も後輩たちの代となり，リレーメンバーに注ぐことのできる時間は限られていましたが，「どうする？」という問いかけに，全員が「出させてください！」と目をキラキラさせて訴えてきました。そこからの２ヵ月間の子どもたちには，目を見張るものがありました。周りが受験一色になる中，言い訳は一切せず，自分たちの体をとことんいじめ，完璧なバトンワークを追求しました。この時の彼女たちは，誰も近寄ることのできないオーラを放っていました。

　そして迎えた，ジュニア・ユース大会本番。ありがたいことに，そこには県総体決勝で戦うはずであった県のトップ８のチームが集結しました。この子たちにとっては，これが本当の意味での最後の夏でした。

　ピストルの音とともにスタート。全国出場チームと並走しながら，予選会でバトンを落とした地点へ。選手たちに不安はありませんでした。得意のバトンパスで一気に差をつけると，そのまま１位でゴール。記録はチームベスト，全国出場記録を上回るものでした。ゴールとともに泣き崩れるお母さんたち。辛かった，苦しかった，信じたくなかった，どん底を味わったからこそ，見つけることのできた大切なもの。生徒たちは自分の力で，全国出場以上に尊いものを掴み取ってくれたのでした。

(5)　生徒たちに感謝

　６年間お世話になった中学校を離れ，今は小学１年生の担任をしています。卒業したリレーメンバーからの「インターハイの出場が決まりました。絶対に決勝に残って先生に恩返しをします」の報告に涙しました。

　子どもたちの人生を預かったという責任感があったからこそ，私自身，自分から逃げることなくやり抜くと決め，全力で駆け抜けた６年間でした。私自身が生徒たちに大切な心を教えてもらい，大きく成長させてもらったのだと，今改めて感じています。

野球

　学校で中心的な存在である男子生徒，不動の憧れのスポーツです。どの中学校も運動能力に優れ，リーダー性のある部員が集まってくるので，その中で，勝つチームを創り上げていくには，教師の個性的な指導が重要になってきます。
　野球部の生徒たちが，学校のモラルを高め，勢いを生む原動力になるのです。野球部が生き生きと活躍する学校には，間違いなく地域をも巻き込む大きな力がみなぎっています。

---

❶　部活は道楽
森山正実（豊田市立松平中学校教諭）1962生
- 全国大会出場2回（ベスト8・1回）
- 東海大会優勝1回，準優勝1回
- 愛知県大会優勝3回，準優勝3回，3位3回
- 西三河大会優勝1回，準優勝1回

---

❷　「恐れ」≠「畏れ」
池本　豊（豊田市立竜神中学校教諭）1973生
- 愛知県大会優勝1回
- 西三河大会準優勝1回，3位1回
- 市内大会優勝5回

---

❸　野球部員たる前に，美里中学校生徒であれ
今田良人（豊田市立美里中学校教諭）1967生
- 市内大会優勝3回，準優勝4回，3位7回

1 部活は道楽

豊田市立松平中学校教諭　森山正実

いきなり批判を受けそうです。

　勝って喜び，負けて泣く。我々指導者は，純粋な子どもたちから，運動部活動の楽しさすべてを味わわせてもらっているのです。保護者，学校，家族を巻き込み，何よりも有意義な時間を選手たちに提供してもらっています。これはもう「道楽」以外のなにものでもないのです。「道楽」であるがゆえに，休日返上，無報酬でグラウンドにいくのです。そこに損得勘定は一切ありません。ただ感謝あるのみです。

(1) 野球を通じての人間教育

① 勝つことが目標

　運動部の活動は，レクリエーションではありません。競技スポーツです。当然「勝つこと」が「目標」となるので，選手をすべて「平等」に扱うわけにはいきません。また「努力＝成就」の構図も成り立たないのです。そして，これは社会に出ても同じことなのです。

　しかし，「目的」はあくまでも人間教育です。部活動という厳しい現実のなかでこそ，教科学習では得られない貴重な体験ができるのです。部活動から得られる礼儀や達成感，温かい心のふれ合いは，生徒たちの学校生活をより充実させ，豊かな心を育て，将来に向けて「生きる力」をはぐくむのです。

② 野球を通じての人間教育

　部員全員を平等に練習させたいとの思いは強くあります。上級生を中心に，チャンスだけは与えようとも思っています。しかし，試合に「勝つこと」が「目標」なので，正選手の練習のために，控え選手に下働き

を強いることもあります。なんとかベンチ入りを果たしても、正直、2桁の背番号では、なかなか試合に出られないのです。

　しかし、野球の上手下手と人間の善し悪しはまったく別なのです。「正選手が是」で「補欠が非」であるはずがなく、補欠の愚直な努力が、チームの士気を高めるのです。そして、控えとしてチームを支える彼らにこそ、人間的な成長を見出すことができるのです。試合に出られない自分だからこそできる役割を見つけ、チームの一員として協力し、強いチームを作り、勝つ喜びをともに分かち合うのです。

　かつて私が指導したチームに、Kという補欠選手がいました。試合中、ピンチの時もチャンスの時も、誰よりも大きな声を出していました。彼は「レギュラーが打つと自分が打った気分になる」と言ってくれました。監督としてこんなにうれしい言葉はありません。その後、彼は、進学先の県立高校でも野球を続け、最後の1年間は主将を務めました。

　ある高校に求人に来る企業担当者は、決まって「野球部の補欠の子をください」というのだそうです。レギュラーより補欠の子の方が、人間的により多くを学んでいるからだろうと思います。「表に出ずとも、チームのために自分ができる仕事を探す」と言っても夢は捨てていない。「今に見ていろ、俺だって」と内なる闘志を燃やしている。そんな人間が会社を伸ばすと企業は考えているのでしょう。

　人間に一番大切なのは心の豊かさです。挫折や悔しさをバネに将来を生き抜く力を、中学校の部活動を通じて身につけさせたいものです。

(2)　勝つチーム作り

①　自立心が習慣に

　毎年、新入部員のユニホーム等の注文をします。品物が届いた時、各自自分が注文したものを持っていくように言うのですが、きちんと持っていける生徒はわずかです。1年生の半分以上が、自分が何をいくつ注

文したか覚えていないのです。注文票を返して，確認させれば済むことですが，あえてしません。これを機会に生徒の自立心を育てていこうと思っているのです。自分が身につけるもの，使う道具，それらを管理することを親や先生任せにしていては，いつまでも成長はないのです。

　ところで，朝は自分で起きている選手がどれほどいるでしょうか。

・起こしてもらっている→他律

・自分で目覚ましをかけて起きる（努力している）→自律（自立）

・時間になると自然と目が覚める→習慣

　人間には，自立心が不可欠です。そして，自立心があってはじめて，学習を含めた生活習慣が身につくのです。自立心のない子は依存心が強いので，「いつか誰かが，何とかしてくれる」と思っているのです。それゆえ勉強もしない。また，そういう者に限って，勉強ができないことを野球のせいにするのです。ならば，野球はやめた方がいいのです。

　元読売ジャイアンツの桑田真澄氏は，PL学園時代，一度も授業中に居眠りをしたことがないそうです。同じように，勉強も部活も手を抜かない選手を，これまでにもたくさん見てきました。彼らは，真剣に授業に取り組み，決して泣き言を言いませんでした。できないことを他人や他のことのせいにしないのです。桑田氏は言います。「ボールにかじりつくように授業にかじりつけ」と。

②　勝者は勝者らしく歩き，勝者らしく飯を食う

　目標が高ければ，選手自ら練習に取り組みます。ただ，その目標が，口で言っているだけなのか，本気で心に引き寄せているかでは全く違います。「全国制覇！」を夢ではなく現実の目標とするには，実際にそのレベルを選手自身が体感しなければなりません。

　そのために県外の強豪校と練習試合を組むのです。もちろん負けますが，強豪と言われるチームでもミスをしないわけではないのです。「あのチームでも……」と思った瞬間に，「俺たちもいけるんじゃないか」

と実感するのです。選手も監督もここがスタートなのです。若い監督は，有名な監督を芸能人か何かと間違えていて，自分なんか相手にしてもらえないと思っているようです。しかし，思いを伝えれば必ず心を開いてくれます。なぜなら，名将と言われる監督も，若い頃はみな同じような経験をしているのだからです。タイミング悪く試合が組めなかった時は，試合を見させてもらうだけでもいいのです。何がカッコよくて何がカッコ悪いのか。全国を狙うチームは，ユニホームをだらしなく着ていないし，バッグを乱雑に置くこともないのです。そういうことを子どもたちに見せ，体感させ，「今の自分は全国を狙うのにふさわしい行動をしているか」と，折に触れて省みさせることです。

「勝者は勝者らしく歩き，勝者らしく飯を食う。」

（元松戸五中・石井忠道氏の言葉）

選手自身のプライドが，試合会場での落ち着きや機敏な動き，言葉遣いにつながり，知らず知らずのうちに相手チームは飲み込まれていくのです。

③　自ら取り組む個人練習

現任校はグラウンドが狭く，内野をとるのが精一杯です。山あいの学校で下校時刻の設定も早いのです。このハンディキャップを克服するには，練習の工夫と帰宅後の個人練習が必要不可欠です。具体的な練習法については，『中学野球小僧』（白夜書房）などで紹介していただいたので，興味ある方はご参考にしてください。

個人練習は，本当によくやっています。以前，本校の学区を車で通った他校の先生が，野球部の子が通り沿いの自宅前で素振りをしていたのを見かけました。2～3時間用を足して帰路につくと，先ほどの子がまだ素振りを続けていました。思わず車を停めて「なんでそんなに練習するの？」と声をかけると「はい，勝ちたいからです」と答えたというのです。また，近所の人に「あの子が素振りをしてない時を見たことがな

い」と言われる者もいます。「練習しろ」と言われてする練習と,「自ら必要」と感じてする練習では身につき方が違うのです。それが大事。それで十分。ナイター設備を借りた夜練などは,あえてしないのです。

(3) 保護者を切る

① 野球の指導は監督である自分

　朝早く起きての弁当作り,ユニホームの洗濯,遠征費,道具代……。保護者の協力なしに,部活動は成り立ちません。そして,すべての選手がその苦労に報えるよう頑張っています。そこで,選手たちがより野球に打ち込める練習環境を求めて,部活動をクラブ化しました。私はそれによって,保護者の位置づけを行ったのです。保護者には選手を見守る立場としてサポート役に徹してもらいます。父母会を発足させ,会長・副会長を選任し,自家用車による送迎（当番制）や引率者の補助（遠征や大会時の集合・解散指示）のみを行ってもらうのです。選手が迷わぬよう「野球の指導は監督である自分」に,「活動の庶務は副顧問」に一任してもらい,保護者に練習の手伝いは一切させないのです。ただし,練習の成果である試合（練習試合・公式戦）は,なるべく見に来ていただきます。「自分の手がけた作品をぜひ見てもらいたい」「試合後に意見交換もしたい」野球指導にベストはなく,保護者（社会人）から学ぶことは多いし,自分の間違いは直したいと思っているからです。

② 呼び出された飲み会で

　現任校区は,少年野球が盛んで野球熱が高い地区です。自分が赴任する前の一時期は,保護者が前面に出て指導が行われていたと聞いていました。赴任した４月最初の休日,数名の大人の男たちが,遠巻きに練習を見ていました。基礎トレーニングばかりやっていたら,つまらなくなったのか,いつの間にか消えていました。そして,その夜いきなり,野球部の父親たちとの飲み会に呼び出されたのです。

会席中，父親たちから質問が次々と浴びせられました。それはまるで私の力量を測るかのように。一瞬戸惑いましたが，すべての質問にきちんと答えました。しばらくして，答える代わりにこちらから質問を返したりもしました。「先生，体の柔らかい子はなぜ有利なんですか？」「お父さん，体の柔らかさって何ですか？」……「それはね，関節の可動域のことなんですよ。上腕骨と肩甲骨の間に腱があって……略……ところで腕の付け根ってどこだと思います？」そんなやりとりをしていると，質問攻めが次第に悩み相談に変わってきました。こうなれば，こちらのペースです。「うちの子，いい時と悪い時の差が激しくて」「調子にむらのある子は学校生活や家庭生活にむらがあります。コンスタントに力を出すには……」「うちの子は足が遅いんですよ」「足の遅い子は，腸腰筋が弱いんですよ。ここを鍛えるとヒップアップもしますから，お母さんにも教えてあげてください。鍛え方は……」などと調子に乗って話しているうちに「先生，もう一軒いきましょう」となるのです。
　他校の野球部の父兄が「松平の親は監督が怖くてグラウンドによう入れんだね」と私に言ってきます。私が怖いからではなく，ちゃんとわきまえているだけなのです。近隣の中学校で練習試合をした時，そこの保護者から「先生が松平へ行ってから急に強くなったね。秘訣は？」と聞かれました。経緯を説明すると長くなるので「はい，練習から父兄を切ったことですね」と即答したら会話が止まってしまいました。
　自分を信頼して子どもを託してくれるから，こちらも誠心誠意できるかぎりのことをします。ただし「お互いのエリアを心得て，余計なことはしない」ことが重要なのです。サポートに徹するという父母会の伝統は毎年受け継がれ，年々発展しています。その一つがホームページの運営です。関心のある方にはぜひ，一度見ていただきたい，たいへん立派なものです（ホームページ，http://www015.upp.so-net.ne.jp/m-baseball/）。

③ 招待状

　毎年，最後の大会が始まる前に，3年生の保護者宛に，総体の招待状を書きます。宛名を毛筆で一人ひとり，へたくそなりに心をこめて書きます。この招待状は，保護者に対する私自身の感謝の思いであると同時に，普段面と向かって「ありがとう」と言えない甘えん坊たちの代筆でもあるのです。炎天下の球場，たくさんの保護者が仕事を休んで応援に来てくれます。指導の一切を任せてくれた保護者に，3年間の仕上げを見せる時です。プレッシャーはありますが，ぜひ内容のあるものを見せたいのです。卒業生の親まで仕事を休んで応援に来てくれます。子どもたちもその期待に応えようと一生懸命に頑張ります。夏の大会，わくわくするベンチ……，こんな素敵な場所は，他にはないのです。

(4) 部活指導から得たもの～「縁」～

　平成5年度に全国大会へいった時のキャプテンが，3年前から松平中にコーチに来てくれています。私の気持ちを十二分に理解し，若いハートで子どもたちに伝えてくれています。本当によく気が利き，よく動きます。子どもたちもよくコーチに質問をする姿がみられます。

　彼と当時の思い出話をすると必ず言われるのが，「先生，ぼくたちに期待してなかったでしょ。だって先生，新チーム発足の日，グラウンドに来なかったもん。でも怖くて誰もそのこと言えんかった」「そうだっけ，ははは」「先生，なんだか本当にまるくなりましたね」。これは最高の縁だと思います。昨年6月4日，東海大会決勝。三重・岐阜の代表を破って全国出場を決めた瞬間，ガッツポーズで喜び合う選手たちの脇で，17年前にできなかった師弟の熱い抱擁がごくごく自然に交わされたのです。そして，平成5年度全中出場記念パネルの真ん中にいた彼は，今年いただいた全日本出場記念パネルの左端に収まりました。2人にとって2枚目の記念撮影です。

2 「恐れ」≠「畏れ」

豊田市立竜神中学校教諭　池本　豊

(1) でたらめな野球を押しつけていた自分

　若園中学校に新任として赴任した矢先,「20代は部活と学級,30代は授業,40代は学校全体を！」と先輩に言われ,当時から人間的に素直だった私は,その言葉に忠実であろうとして躍起になっていたのを昨日のことのように覚えています。幸いにして,私は新任の夏からチームを任されました。最初の2年間はレギュラー候補の半数がタバコや万引きといった非行と関係しており,マナーや練習内容といったものは,今から考えると身震いがするほど,酷いものでした。おまけに私は,中学校の3年間しか野球経験が無かったので,生徒たちに教えられるものは,中学校で経験した精神野球しかありませんでした。私の中学校時代の記憶は,エラーや三振をしたら外周を走らされるという根性と体力が向上する,まさに精神修行しかありませんでした。

　何とかまともな部活にしたい。日々格闘の毎日でした。生徒を力で押さえようとしました。しかし,生徒は目の前では聞いたふりをしていても,陰ではいっこうに変わりません。崩壊に近い状態でした。

　そこで,1年生から時間をかけて,マナーや練習態度の面を徹底的に教え込み,精神的に鍛えていこうと思いました。やがて,その1年生がチームの中心になる時が来ました。私にとって3期生目です。かわいい生徒たちでした。文句も言わず,ひたすら言いつけを守る生徒たち。毎日怒鳴り,力任せにひたすらノックを打ち,素振りをさせ,グランドを走らせました。少しずつ練習試合もしてもらえるようになりました。

　「野球の内容はともかくマナーはいいね」嬉しいのか,悲しいのか,

こんなコメントを先輩の監督からいただきました。

　当時，全国出場の経験をもつ前林中学校監督，鶴田先生がつくられるようなチームにしたいと思い，何度も練習試合を申し込みました。超弱小の優等生チームの申し込みを一度も断らず受け入れてくださいました。涙が出てきました。一生懸命にスタイルを真似し，挑み続けましたが，惨敗の連続でした。そのまま夏の大会を迎えました。

　結果は初戦敗退でした。大泣きに泣く生徒たち。全身の力が抜けた自分。子どもたちにかける言葉など無く，本当にその場から逃げ出してしまいたい自分がそこにいました。生徒との最後の別れの時，生徒は恨み言の一つも言わず，別れを惜しんで自分に感謝してくれました。その時，まさにその瞬間，気づいたのです。

　「自分は何と罪作りなことをしてしまったのか」と。それは，独りよがりに生徒にでたらめな野球を押しつけていた自分の誤りでした。

　竜神中に赴任してからは，現松平中学校の森山先生の下で，野球理論を教え込まれました。この森山先生との出会いが，私の野球に対する思いに，技術や理論，そして指導力を養成する最大のターニングポイントになったのです。そこから自分なりに自分流の野球観ができあがりました。しかし，そこに行き着くまでには，常に若園3期生のあの犠牲が踏み台になっているということを忘れることはできません。

(2)　顧問のスタイル

　顧問には，それぞれのスタイルがあると思います。歴史の有名な人物で言えば，「信長→スパルタ」「秀吉→工夫・分析」「家康→共感・見守り・任せる」のようなタイプです。もちろんそれらの複合型の方もいらっしゃると思います。自分は「信長流」をベースにしましたが，そこに「秀吉流」を加えるやり方へと移行させていきました。

　イタリアの思想家にマキャヴェリという人がいました。彼は，「有能

な指揮官は，愛されるよりもむしろ怖れられた方が良い」と言っています。チームとは，言い換えれば「勝つことを目標とした集団」です。だから，指導者は，慕われるだけではなく，どこかしら生徒に怖れられる必要があるのではと考えています。しかし，私は「怖れ」られるのではなく，「畏れ」られる存在になることが重要だと考えます。

　「怖れ」：怒られ，肉体・精神的な痛みをともなう恐怖心

　このような指導を続けていくと，生徒にやらされ感がつのり，ロボット化していきます。このような練習では，そのスポーツのわくわく感，ドキドキ感のない苦痛の時間ばかりが過ぎることになります。

　「畏れ」：優れたもの，高貴な人直に対して服しうやまう気持ち

　「常に見られている感覚」「圧倒的な情報量」「迷いが無い」の三つがあげられると思います。この「畏れ」には「怖れ」とは違った，生徒との師弟関係が構築される大きな鍵があるように思います。

(3) 畏れの原理

① 「常に見られている」

　「練習時間に先生がいる」これは当然のことだと思いますが，それだけではなく，生徒の微妙な表情の変化も，見逃さない観察眼が必要だと思います。私は指導している最中に生徒が自分の目を見ることを強要します。たとえ何時間も話をすることがあっても，また話している最中に仮に自分が生徒の目を見ていなくても，私自身が生徒の視線を常に感じられるようしています。生徒が目をそらした瞬間，生徒を厳しく叱責します。それぐらい常に生徒と目で会話をすることに心がけています。

　それを続けていくと，生徒は目で人の話を聞くようになります。目で聞くということは集中力を高めます。生徒は別の仲間が指導されていても，それを自分のことのように受け止めるようになります。そこに緊張感が生まれます。この緊張感こそ「畏れ」につながります。

② 「圧倒的な情報量」

　私は竜神中に転勤して最初の1年間，森山先生（現松平中学校）の下で野球を勉強させていただきました。先生のカリスマ的存在感と野球の知識，情報量に感銘を受けたからです。少しでも先生の知識や指導力を学びたいと思い，先生が学校に来られる30分前にはグランドに出て，毎日生徒と共に先生を迎えました。先生が指導されたことは，密かに自分で作った「森山語録」というファイルにため込んでいきました。そこで学んだことは，今でも私の宝になっています。

　森山先生には膨大な数の野球人脈がありました。そこには先生のどんな人からも生徒の役に立つ情報は学び，実践していこうという姿勢があります。先生は私のどんな質問にも答えてくれました。ただ，それは問われたことに答えるだけで，本質は教えていただけませんでした。当然，そこは全身を目にして，先生の方法を盗むしかありません。

　そうやって先生の指導をみていると，いろいろなことに気づかされます。その一つは，画一的な指導だけではなく，個々の生徒に適した指導こそ大切であるということです。その生徒の性格・適性やニーズに合わせた指導に心がけるのです。

　こんなことがありました。ある練習試合で，同点で終盤にさしかかり，1死3塁のチャンスの場面が巡ってきた時のことです。打者はミートが得意でセンスも良く，前打席でもいいあたりをしていました。そこで私は強攻策をとり，ノーサインでその生徒に打たせました。結果は見逃しの三振。私の采配が完全に裏目に出た形でした。

　試合後，森山先生は私に「池本，あの場面は仕掛けるべきだったな。あの子がボックスに入る前の表情を見たか？　監督の指示で，動こうという気持ちが全面に出ていた。生徒の様子を見て采配することを覚えないといけない。あの場面では『何球目にスクイズやエンドラン』と決めてやったほうが吹っ切れていい結果につながったな」と言われました。

後日，その生徒にこのチャンスの場面のことを聞きました。
　生徒は「いつスクイズか，エンドランのサインが出るか待っていました。そうこうしているうちに，ツーストライクまで追い込まれてしまい，最後はバットが出ずに終わってしまいました」と言ったのです。確かにその生徒は，闘争心溢れるパワーヒッターではなく，どちらかというと指示をされたことを的確にこなす，おとなしいタイプの生徒でした。森山先生は，その生徒がバッターボックスに入る瞬間に，すぐさまその生徒の性格や技量分析，そして試合運びの状況を考慮していたのです。
　生徒たちは，このような指導を森山先生から毎日，受けていました。当時の森山先生に対する生徒の目や，絶対的な信頼感を寄せている表情が，今でも思い出されます。
　「先生は何でも知っている。ここまで俺たちのことを見ているのか！」という思いは，生徒に「畏れ」の意識を芽生えさせます。それは信頼感に裏打ちされた「畏れ」でもあると思うのです。

③ 「迷わない，ぶれない」

　話が長い先生は，嫌われると聞いたことがあります。私も話の長い教師の一人でした。当時の生徒はそれを，目をそらさずに延々と聞かなければなりません。苦痛だったでしょう。今考えると恥ずかしい限りです。想いばかりが先行し，要領を得ない長話や説教をしていたかと思うと。
　誰も失敗しようとして，ミスをする生徒はいません。そこには何らかの原因があります。若園中の4期生からは，その反省を生かし，私は原因を一つだけ伝え，その改善方法を一つ言い，すぐに実行させました。そして，それでも出来ない場合は，一連の動作を細かく区切りその部分を重点的に練習しました。
　「一つの指示で，一つの実行」をモットーに，話すことよりもボールやバットに触れさせる時間を多くしました。話はできるだけコンパクトにし，沈黙・観察の時間を多くしたのです。そして，今の練習がいかに

第1章　夢をかなえる流儀を語る

効率的で実践に繋がるかということを意識させて練習をさせました。

　迷わず，指示内容はぶれないように日々意識していました。そうすることによって，生徒は安心感を持つことができます。

　また，イメージのつかみやすいアドバイスをするように心がけました。例えば，昔はエラーをした生徒に「なぜとれないんだ!?」「しっかりとれ！」といった罵声しか浴びせていませんでしたが，グローブが寝てしまいボールをはじく癖がある生徒には「手のひらをボールにみせてごらん！」，スタートがうまく切れない生徒には「もっとかかとをあげて，親指の付け根にもっと力をいれろ！」，ボールに対して平行移動ができず，頭がすぐにういてしまう生徒には「バッターのストライクゾーンの一番高い所に視線を合わせて！」といったポイント・感覚をイメージしやすいような言葉がけを続けていきました。

　すると，生徒たちは，仲間同士でそのようなポイントを指摘し合うようになっていきました。こういった一つ一つの積み重ねが安心感を生み，指導者への「畏れ」へ繋がるような気がしています。

⑷　お前たちはどこまで強くなるんだ

　H17年の夏の西三河大会の準々決勝，対戦相手は六美北中学校。監督は私の尊敬している川口先生でした。試合は意地と意地とのぶつかり合いで，どちらも引かず，延長2回，さらにノーアウト満塁のサドンデスを3回行う白熱したものになりました。そのサドンデスの最終回，1点差まで追い上げられ，さらにワンアウト2・3塁のピンチが訪れました。カウントは1-2。相手チームの様子，バッター・ランナーの様子からスクイズを確信したバッテリーは迷わずウエストへ。あの緊迫した精神状態からの冷静な判断でした。その思い切ったプレーが，相手チームのスクイズをはずし，勝利を生んだのです。スクイズをはずしたのはベンチからのサインではなく，バッテリーの判断でした。勝利した瞬間，誇

らしげに戻ってくる生徒。私が子どもたちにかけた言葉は「信じられない。本当に信じられない。お前たちはどこまで強くなるんだ」でした。
　そして，このチームは，いつ負けてもおかしくない接戦をものにしながら，県大会の決勝戦へ勝ち上がっていきました。
　決勝戦は5対0と一方的な展開になりました。その理由の一つに対戦校の横須賀中学校のエースが，その前の準決勝で延長戦まで投げ，かなり体力を消耗したことが考えられました。しかし，私のチームも条件は同じでした。5回に息が上がって苦しそうな投球をしている相手のエースを見て，私はベンチでこういいました。
　「ちょうど今15時30分。いつも今頃何をしている？」生徒の一人が，「今から日が暮れるまでノックです！」と答えました。「だったらちょうどこれから，練習も本番だよな？」そして，ピッチャーの坂部に「もう一試合投げられるか？」と尋ねると，坂部は「全然余裕です。あと2試合投げられます！」と答え，チームもその返事に反応して「先生一気にいきましょう，これからが本当の竜神だ！」と大いに意気があがりました。あの時の生徒との一体感。今でも忘れられません。
　私の師匠である森山先生に，もし勝てるとしたら，先生をしのぐ練習量しかない。そう思って子どもたちと共に1年中白球を追い，生徒たちと共に過ごした1年間。それが今，目の前の対戦相手に大きな自信となってぶつかっていく彼らの姿となって表れたのです。その生徒の逞しさを見て，今までやってきたことが一気に胸に溢れた瞬間でした。
　残念ながら，東海大会で惜しくも負けてしまい，全国へ行くことはできませんでした。東海大会から帰ってきた後，竜神中の自転車置き場で，生徒たちと最後のお別れをしました。長い沈黙の後，思わず生徒たちに発した第一声は，キャプテンに向けて「雄，次の練習試合はどこがいい？　終わった気がしないんだ……」。
　その声を聞いて号泣する3年生。感極まった瞬間でした。

第1章 夢をかなえる流儀を語る

③ 野球部員たる前に，美里中学校生徒であれ

豊田市立美里中学校教諭　今田良人

(1) 島の学校から自分の母校へ

　私は豊田市で生まれ育ち，豊田市の教員になりました。小学校で6年間，中学校で7年間勤めた後，僻地派遣という制度で，ある島の中学校に赴任しました。島の暮らしは自然環境が大変素晴らしく，島の人も情に厚い人ばかりで，夢のような時間を過ごすことができました。ただ，1，2年複式学級1クラス6名，3年1クラス1名，全校生徒7名といった少人数のため，体育の授業でゲームができませんでした。時々，先生方にも授業に参加していただき，5対5のバスケットの試合をするのが精一杯という状況でした。

　男子中学生は2名しかおらず，当然のことながら野球部はありません。しかし，島には，野球が好きな小学生や若い漁師さん等が数名いました。そこで，週1回程度，多くても10数名でしたが，夜みんなで学校に集まり，ナイター照明の中，野球を楽しんでいました。私はそんな環境の中で3年間過ごし，野球ができることの有難さ，仲間がいることのかけがえのなさを痛感しました。そして，6年前の4月，自分の母校である美里中学校に赴任し，野球部の顧問になりました。

　自分が卒業して23年が経っていました。まさか，自分が中学生時代に汗を流した同じグラウンドで，野球部の監督ができるとは夢にも思っていませんでした。自分が中学生だった頃は，あまり活発に活動していた記憶はありません。野球ができなかった島での生活の反動もあり，頭の中の90％が野球という日々が始まりました。

(2) チームの一体感

　美里中赴任1年目の春から監督を任されることになりましたが，約2ヵ月半，思いが空回りすることが多く，7月の夏の大会は初戦敗退という大変残念な結果でした。その悔しさをはらすべく，新チームの練習に燃えました。その時の野球部は，レギュラーと控え選手の技能面・意識面での差が激しく，部員が二極化していました。そこで夏休みの練習は，「全員」にこだわった練習を行いました。基礎体力と基礎技能の底上げ，そして何よりチームの一体感を出したいと考えたのです。

　例えば，バント練習においては，誰か一人でもその練習の課題ができなければ何度でも行い，全員ができるまで練習は終わらない。当然，プレッシャーがかかりミスも出ますが，ここ一番での集中力を高めつつ，教え合い励まし合う姿が見られるようになります。そして，最後の一人ができたとき，小さな感動とチームの一体感が生まれるのです。

　毎日毎日，盆休みもなく，猛暑の中，朝から晩まで，グランドで汗を流し続けました。すると，新チームの最初の市内大会で準優勝することができました。「そんな部員たちの足跡を残したい」「野球ができる有難さとチームという仲間の大切さを常に意識してほしい」と願い，この夏から，監督通信「FOR THE TEAM」を出し始めました。次の文は，そのときのものです。

　ベンチで必死に声を出す控え選手，3塁1塁のコーチ，バット引き，ブルペンキャッチ，グランド整備，道具運び，一緒に頑張ってきた仲間がいるからこそ勝てたのです。怪我や病気で試合に参加できなかった部員も含め，24人全員で勝ち取ったものです。

　勝つチームの第1条件は，チームワークがいいことです。今後も，キャプテンを中心に，24人全員のチームとしてのより一層のレベルアップを心がけ，優勝という目標に向かって，全員で頑張っていきましょう。

第1章 夢をかなえる流儀を語る

(3) 苦渋の決断

　最初の大会で準優勝した新チームでしたが，秋はなかなか勝てませんでした。そこで，ナイター練習を始め練習時間を増やしました。そして，11月，今シーズン最後の大会に臨みました。
　1回戦，2回戦と順調に勝ち進みました。チーム状態が良く，一つ上の学年のチームにも勝利し，優勝の期待も膨らんできました。そして，準々決勝，ベスト4をかけての試合に臨もうというときのことです。私は生徒たちに重大な報告をしなければならなかったのです。
　それは，「準々決勝の日が学校行事と重なっているため，出場を辞退しなければならない」という報告です。学校行事と試合が重なることは，前からわかっていました。しかし，生徒たちには，あえて事前には知らせていませんでした。この不戦敗こそが野球部員である前に，学校の一員であるという自覚を生徒たちに気づかせるために有効だったのです。
　野球部のバックネット裏には，美里中学校野球部五訓という看板があります。その一つ目に「野球部員たる前に，美里中学校生徒であれ」という言葉があります。初心に帰り，謙虚に感謝の気持ちをもって野球に取り組まなければならないことを再確認させられた出来事でした。ただ，主催者へも保護者へも，勝ち残った場合，「辞退しますが，大会へ参加してもよろしいか」という事前交渉は，当然ながら済ませておきました。

(4) 思いの強さ

　秋の無念をはらすべく，冬の雪の中の苦しい練習や風の冷たいナイター練習にも懸命に取り組みました。その成果もあり，春の市内大会では，みごと優勝することができました。そして，夏の大会約1ヵ月前，チーム一丸となってラストスパートというときに，事件が起きました。
　何と，チームのエースが，腕を骨折してしまったのです。それも，自

分の不注意によるものでした。どこかに気の緩みがあったのでしょう。私は驚きやら怒りやら，夏の大会をどうしようかなどの不安やらで，複雑な心境でした。すると，母親が本人を連れて病院から学校へやってきました。

「本当にすみません。申し訳ありません。」

母親とともに，本人が深く頭を下げました。しかし，本人の腕を見ると副木と包帯のみで，ギブスをしていません。事情を聞くと，「筋肉が落ちるのを防ぐため，ギブスをつけずに治したい」と病院で訴えたそうです。そして，チームの仲間には「3週間で必ず治してみせます。ごめんなさい」と本人は断言しました。

しばらく野球部への出入り禁止としましたが，1週間余りで走り込みができるようになりました。そして，宣言どおり，3週間後には練習試合のマウンドに立てるまで回復させていました。4週間後には1試合完投することができ，完全復活を成し遂げました。夏の大会9日前のことでした。

(5) 全て1点差ゲームでの優勝

いよいよ最後の大会です。緊張の1回戦でしたが，試合開始直前に，チームに勇気を与える大変うれしい出来事がありました。ある1年生が応援に駆けつけてくれたのです。

彼は，少年野球のエースで活躍した有望な新入部員でした。5月，彼は，体育祭の練習中，突然の脳梗塞で倒れ救急車で運ばれました。自分で体を動かすことすらできなくなりました。野球どころではなく，歩く

ことすらできなくなったのです。しかし，家族の支えと彼の必死のリハビリで，少しずつ手や足が動くようになり，松葉杖をついて試合を見に来られるまでに回復したのでした。

その姿を一目見たときから，私は涙で顔がぐちゃぐちゃになりました。しばらくの間，サインも全く出せないほどでした。彼の姿によって，チーム全員の緊張がとれ，プレッシャーに負けない強い精神力をもらった気がしました。

その夏の大会は，1回戦1－0，2回戦2－1，準決勝1－0，決勝4－3と，全て1点差ゲームに勝利しての初優勝でした。こうして「夏の市内大会優勝」彼らの掲げた夢が，一人ひとりの力によってかなったのです。

⑹ 美里クラブ

美里中学校には，「それぞれの部に部活動をバックアップする保護者・地域の方の組織」美里クラブがあります。野球のコーチの方々は，35度をこえる猛暑の中でのノックから，袋ネット等の作製や補修などの道具の準備や管理，グランド整備等々，本当に献身的に活動に協力してくれています。保護者の会の方々は，練習試合の応援・車の手配，合宿やバーベキュー等親睦会の企画・運営，毎日の弁当や洗濯，飲み物などの差し入れまで，協力して行ってくれています。

このような素晴らしいバックアップ体制，子どもたちがとことん活動にのめり込める環境があるからこそ，子どもたちにとって，様々な経験をさせることができるのです。

現在，美里中野球部の監督は，若い山本智史先生です。自分ができなかった年間100試合の目標を軽く越え，今年は108試合を達成しました。今では，生徒たちの目標は「東海大会出場」とさらに大きなものに膨らんでいます。

今年の春の県大会では，ベスト4まで駒を進めることができました。

サッカー

　Jリーグ人気により，ちびっ子から組織的な指導がなされてきています。豊田市においても，小学生の男子の半分ほどの児童は，サッカーに親しんでいます。今後「なでしこジャパン」の活躍で，女子にとっても人気のスポーツになっていく予感がします。小中の連携をどのように図っていくのかが，勝つための必要条件になっています。

　サッカー部の生徒が，学校の雰囲気を良くも悪くも大きく左右しています。顧問として，勝たせるチーム創りを通して，髪の毛や服装，態度など基本的な生活習慣の確立こそが，最優先課題です。

❶　サッカーは「心・技・体」
山東篤史（豊田市立藤岡南中学校教諭）1978生
- ・愛知県大会優勝3回
- ・東海大会3位2回
- ・全国大会準優勝1回
- ・高円宮杯出場1回

❷　一流の選手になりたければ，一流の中学生になれ
山岸　怜（豊田市立朝日丘中学校教諭）1977生
- ・愛知県大会優勝1回，準優勝2回
- ・東海大会出場4回
- ・全国大会出場2回

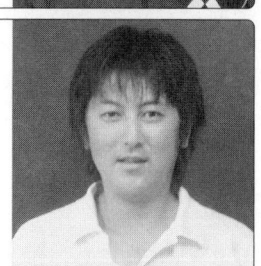

❸　オフ・ザ・ピッチ
岸本勝史（豊田市立小原中学校教諭）1970生
- ・西三河大会優勝1回，準優勝3回，3位4回
- ・愛知県大会ベスト8・4回

1 サッカーは「心・技・体」

豊田市立藤岡南中学校教諭　山東篤史

(1) サッカーは「心・技・体」

　朝日丘中学校の生徒は決して身体能力の高くない，普通の中学生です。そんな中学生が全国大会という大舞台で快進撃を続けた理由の一つに，メンタルトレーニングを早くから取り入れていたことがあげられます。私は，朝日丘FCの三田コーチの勧めでメンタルトレーニングを勉強し始めました。「あなたは練習中に『気合が足りん！もっと大きな声を出せ！』と大声で叱り付ける指導者ではありませんか？」自分はまさにそういう指導者でした。精神論を語るだけで，精神面をレベルアップさせるトレーニング方法に関しては，まったく無知であったのです。

　確かに中学生は思春期の真只中で「心」が不安定な難しい時期です。そんな時期にあっても，常に「心」をコントロールし，選手が前向きに練習や試合に取り組んでいくためには，メンタルトレーニングは必要不可欠な分野であったのです。

　朝日丘中学校では，練習前のイメージトレーニングとサイキングアップを取り入れました。また，試合のハーフタイムには，セルフトークによるポジティブシンキングを習慣化させました。さらに，三田コーチが定期的に，選手一人ひとりに自己分析アンケートを行い，グラフ化する

ことで心の変化を選手自らが確認できるようにしてくださいました。
　こういった地道な積み重ねから生まれたのが，選手の「プラス思考」です。
　全国準優勝に輝いたチームでも，その栄光にたどり着くまでには，勝負を分けた瞬間がありました。その夏，最大のピンチであったのが，市内大会準決勝の高岡中戦でした。後半ロスタイムまで0-1で負けていました。サイドバックの木原が，ハーフェーライン付近からゴール前に蹴り出したボールにキャプテン河合が必死に反応し，相手ディフェンダーのファールを誘いました。まさかのPK……。「頼む！　決めてくれ！」とみんなで祈りました。キャプテン河合が得意の左隅にPKを決め，ロスタイムに奇跡の同点劇が起こったのです。その後，延長戦では2ゴールを決め，最大のピンチに勝利をおさめました。
　後日，私は河合に「緊張しなかったのか？」と聞いてみました。本来，PKは副キャプテンの安井が蹴ることになっていたのです。しかし，あの場面で，河合は安井から「お前がはずしても誰も文句は言わないよ」とボールを渡されたそうです。その仲間の信頼が，彼の緊張を全て奪い取ったのです。帰宅後も運動場で練習する河合の姿が，今でも私の目に焼き付いています。そんな努力の集大成が，あの土壇場で「仲間の信頼」と「諦めない勇気」と「揺ぎ無い自信」を彼に与えるのでしょう。

(2)　**たくましい選手**

　奇跡とも呼べる全国大会での快進撃の中で，私が一番印象に残っているのがベスト4をかけた戦い，沖縄県代表の小禄中との一戦です。朝日丘中サッカー部が「全国ベスト4」という目標を掲げたのは，キャプテン河合が中学1年生の9月に，全校集会で読み上げた作文の中でした。ビッグマウスとも言えるこの言葉を，当時だれが信じたのでしょうか。
　その目標を達成するための大事な一戦が，小禄中戦でした。相手には，

第1章　夢をかなえる流儀を語る

当時ナショナルトレセンにも選ばれていた田口選手がいました。現在，彼は名古屋グランパスエイトでプロサッカー選手として活躍しています。当時からスター選手として，その名前は全国に知れ渡っていました。

　試合当日，田口選手の神がかり的なドリブル突破に会場がどよめきました。防戦一方の展開の中，体を張った守備で，田口選手の猛攻を防ぎ，なんとか０－０の延長戦に持ち込むことができました。

　延長戦も後半に入り，ベンチもＰＫ戦を覚悟していました。ベンチで私とコーチ陣が，ＰＫ戦のキッカーを誰にするか相談を始めた頃です。試合終了間際，センターバックの森田が突然のオーバーラップをしました。ベンチのコーチからも「戻れ！　行くな！」という声が上がりました。守備の要が攻撃に参加すれば，田口選手の攻撃を防ぐことはできないからです。しかし，森田は左サイドをドリブル突破し，ゴール前に絶妙なセンタリングをあげました。その魂のこもったボールをフォワードの林がダイビングヘッドで決めたのです。試合終了１分前の劇的なゴールでした。この勝利とともに，中学１年生の時から目標にしてきた「全国ベスト４」が現実となった瞬間でもありました。

　劇的ゴールを演出した森田は，元々攻撃的なポジションの選手でした。そんな森田をディフェンダーにコンバートしたのは３年生になってからです。強豪チームと練習試合する中で，守備面の弱さがチームの最大の課題だったこともあり，高い身体能力と戦術眼に期待して，センターバックとして起用したのです。「全国ベスト４」という目標を現実に導いてくれたのは，守備力だけでなく，卓越した森田の攻撃センスでした。コーチ陣の制止を振り切り，自らの判断で攻撃を選択した森田の突破によって，朝日丘中学校は目標を達成することができたのです。

　サッカーの試合は，選手一人ひとりの「判断」によって，プレーが選択されるスポーツです。指導者は中学３年間で，創造力豊かで，自ら判断を下すことのできるたくましい選手を育成しなければなりません。小

禄中との一戦で見た森田のプレーは，我々指導者の期待や予想を超えるプレーであり，そんなたくましい選手の姿を，大舞台で目の当たりにできたことは，指導者としてこの上ない喜びでした。

そして，とうとう「技・体」ではまったく歯が立たない強豪相手に，朝日丘中は「心・技・体」で対抗し，全国準優勝を手にしたのでした。

全国大会での結果以上にメンタルトレーニングの成果を感じたのが，引退前にキャプテンが後輩に向けて語った言葉でした。全国準優勝に満足するどころか，「僕たちは目標を全国ベスト4に設定したことで，全国準優勝を成し遂げた。でも，あの時，目標を全国制覇にしていれば，僕たちはもっと高レベルのサッカーができたかもしれない」と，さらに向上心をもつべきことを後輩たちに伝えたのでした。

その彼も成人式を迎えました。「今年は大学リーグの得点王」になると，5年経った今でも，その精神は彼の中でいき続けています。

(3) **マッチメイク**

Jリーグが発足し，国内のサッカー環境が整ってきたことは，クラブチームの台頭と，私立中学校の急成長をもたらしました。そんな中，公立の一中学校が全国大会で勝利をおさめるためには，どう強豪クラブチームや私立中学相手に立ち向かっていくのかを考える必要があります。

そのために，先のメンタルトレーニングに加えて，特に意識したのが，練習試合の相手です。可能な限り全国レベルの強豪チームとの対戦機会を設けました。東海地区だけでなく，北陸や関東の強豪私立中学まで足を運びました。

暁星中学校や静岡学園，星陵中学校などは中高一貫での指導をおこなっています。Jリーグにも多くの選手を輩出しているチームです。対戦してみると結果は明らかです。練習試合でありながらも大敗の連続でした。ただ，多くの大敗の中で，選手も我々指導者も学ぶことはたくさん

あります。それはプレーの面に限らず，ピッチ外の生活面にもあります。たとえば，高知中学校は，待機場所に置かれているエナメルバックの向きがそろえて整頓され，靴も一列に奇麗に並べられていました。もちろん脱ぎっぱなしの服やユニホームは一つもありません。帝京大可児中学校は，大きな声で挨拶するだけでなく，すれ違う前に立ち止まって，相手の目を見て，一礼して挨拶をしていました。

　中学生の生徒指導では，どうしても指導者が説教する機会がふえ，小言が多くなってしまいがちです。しかし，同じスポーツを愛し，目標に向かって努力している仲間に触れさせれば，「あれを見ろ」の一言が大きな説得力を生みます。中高一貫教育で中学も高校も全国大会に名を連ねる私立中学校からは，中学生ながらもプロ意識のようなものを感じさせられました。試合のたびに，その高い意識とプライドを痛感し，学び，吸収することは，チームにとってかけがえのない経験となるのです。

　初めは，無名の公立中学校が，強豪チームに練習試合を申し込むなんて敷居も高く，「断られるのでは……」という心配や，「バカにされてしまうのでは……」という不安でいっぱいでした。そんな時，先輩教師である雁部先生の「生徒が本気になる前に，教師が本気で全国目指すかどうかなんだよね」という言葉が，自分を後押ししてくれました。雁部先生とは2年間サッカー部の顧問を一緒にさせていただきました。実際，雁部先生は，Ｊリーグの下部組織であるジュビロ磐田や柏レイソルなどにも練習試合を申し込んでいました。その姿から指導者として本気の姿勢を学び，自分もそうでありたいと本気で思いました。

　指導者として，夢や目標，理想を生徒に語る機会はたくさんあります。その言葉以上に，全国大会常連のチームやＪリーグの下部組織とのマッチメイクは，大きな効果をもたらすのです。私も最初は「練習試合＝自転車で行くことのできる近隣の中学校」というイメージを強く持っていました。しかし，恥や不安を捨て去り勇気を出して高いレベルのチーム

に練習試合を申し込むことが顧問の覚悟であり，顧問の本気の姿勢を生徒や保護者に伝える大事な手段だと気づきました。県外や市外に遠征することは，時間的にも金銭的にも，保護者や指導者にとって大きな負担になります。しかし「Players first」の観点から，選手に貴重な経験を提供することが最優先であり，指導者の責務だと私は考えています。

(4) 最強のBチームを目指して

「強いチームには，強いBチームと結束の強い父母の会が存在する」これは豊田北高サッカー部をインターハイ出場に導いた前田監督の言葉です。この恩師の言葉を胸に，Bチームの強化に力を入れています。昨年の練習試合数もAチーム130試合，Bチーム120試合と，大きな差を生まないように心がけて日程を組み，Bチームを強化しました。

Bチームの存在の大きさを強く実感したのは全中の時でした。全国大会前日に登録メンバーを発表する時，私は3年生の顔を真正面から見ることができませんでした。雨の中でも自主練習をしていた生徒，マンションの駐車場でドリブル練習していた生徒，練習終了後も黙々とグランドでキック練習していた生徒，試合に出るために必死に3年間努力してきたBチームの生徒たちの姿を間近で見続けてきたからです。発表の瞬間に，登録外になってしまう選手の悔しさがダイレクトに伝わってくることを恐れていたからです。発表後，恐る恐る顔をあげて，登録からもれた生徒の顔を見ると，彼らの目からは涙があふれていました。

しかし，その涙は，決して一人よがりのものではありませんでした。チームの一員としての存在感をかみ締めるものだったのです。その美しい涙を見た瞬間，私は自分の涙をこらえることで精一杯でした。

全国準優勝の陰には，こういったBチームの選手たちの熱い思いがあったのです。大会では，Bチームは徹底したサポーター役と，大応援団のリーダー役としてグランドの仲間とともに戦っていました。この存在

があったからこそ，チームが一丸となり栄光をつかむことができたのはまぎれもない事実なのです。

(5) 地域力が生み出したもの

　朝日丘中学校の全国準優勝という結果は，地域の指導者と保護者の協力がなければ，絶対に成し遂げられませんでした。

　地域の指導者として，県外遠征や週2回のナイター練習に帯同してくれたのは，全て地元のボランティアの方々でした。ミーティングを繰り返し，指導方針を明確にして熱心に指導してくださいました。どんなときも，常に監督である私の考えを第一にしてくださいました。そんな熱意に導かれ，今では卒業生が指導者としてグランドに立っています。このようなサイクルがこれからも続くと思うと，期待に胸が膨らみます。

　また，選手の保護者の方々の力は絶大です。毎試合のように応援に来ていただき，試合会場に多数の保護者が並んで座る光景は，県内でも有名です。保護者の熱い気持ちは確実に選手に伝わり，チームの士気をいつも高めてくれます。何よりうれしかったのが「俺らは自分の子どもの応援に来ているのではない。朝中の応援に来ているんだ」という保護者の言葉を聞いたときです。保護者の選手を見守る視線は，選手の私生活にも向けられています。ある選手が不登校になりかけていた時，その選手にサッカー部の保護者が声をかけてくれたり，遊びに連れ出したりしてくれたこともあったのです。

　現在，私は朝日丘中から藤岡中を経て，新設校の藤岡南中に勤務しています。朝日丘の「地域力」をモデルに，地域の指導者と保護者，学校が連携し，地域総合型スポーツクラブの設立に向けて動いています。実現するまでには，まだまだ困難なことが多くあります。しかし，「Players first」の意識を持ち続け，地域の方々と共に，これからも大きな夢を追い続けていきたいと考えています。

2 一流の選手になりたければ，一流の中学生になれ

豊田市立朝日丘中学校教諭　山岸　怜

(1) スローガン「一流の選手になりたければ，一流の中学生になれ」

　サッカーというスポーツは，ピッチに立ったら，監督やコーチの指示で動くのではなく，自ら考え行動する自立的スポーツです。したがって，自分を律し，自己管理を徹底させることが求められます。

　私は生徒に「部活・学校・家庭で心を鍛えるチェックシート」を毎週書かせています。部活動では「毎週の目標と反省・取り組み」について，学校生活では「あいさつ・係の仕事・授業の受け方・清掃活動」について，家庭では「お手伝い」について目標と反省を書かせます。生徒は，月曜日に週の目標を書き，木曜日に反省を書きます。その後，保護者から一言書いてもらい，金曜日に提出させます。それに私は，一人ひとり朱書きを入れて月曜日に返却します。

　この活動によって，第一に生徒の自己管理がなされるようになりました。第二に生徒が毎日のトレーニングで悩んでいることなど，小さな心の変化に気付くことができるようになりました。第三に保護者が思っていることを把握できるようになりました。そして「先生がしっかり見てくれているおかげで，うちの子は家で毎日お手伝いをしてくれるようになりました」とうれしいお言葉をいただくようにもなりました。部員60名ほどのチェックシートを毎週見る作業は大変ですが，そのおかげで生徒の自主性が育っていることを実感できるようになっています。

(2) 「書き続ける」ことは「頭を整理する」こと

　私は部活動に入部した１年生にまず質問します。「毎日楽しくサッカ

ーをしたいか，それとも勝つために厳しいトレーニングをするか」と。

　100％，生徒は後者を選びます。生徒の意思を確認した上で，生徒に「目標設定用紙」を書かせます。この用紙は，なかなか書き応えのある内容となっています。第一に目標達成期日を記入し，最高の目標，絶対達成できる目標，そして中間の目標を立てさせます。先輩たちの姿を知っているため，ほとんどの生徒が「最高の目標」は「全国大会出場」と書きます。第二に試合の分析をさせます。試合中の「心」「技術」「体力」の三項目にわたって失敗例と成功例を書かせます。心・技・体において，どういうときに失敗し，どうすれば成功するかを考えさせます。すると生徒は，どうすれば良いプレーができるのか，そのための準備には何が必要なのかを考えるようになります。いろいろと振り返りながら，20回以上書き直す生徒もいます。

　このように，何度も何度も書くことは頭を整理することにつながり，自分を見つめ直すことのみならず，自分の課題を克服する方法を学ぶことにもつながるのです。

⑶　「セルフトーク」と「校歌の大合唱」で自分とチームを鼓舞する

　試合中に体力の限界を感じたり，逆境に陥ったときにあきらめそうになることがあります。では，そのようなとき何が自分を変えるのか。

　強いチームは，流れの悪い状況のときに自分やチームを奮い立たせる術をもっています。私のチームでは，その救世主が「セルフトーク」なのです。「セルフトーク」とは，自分を奮い立たせるための自分が好きな言葉です。「絶対負けない」「自分がやらずに誰がやる」「俺は強い」など，部員全員がオリジナリティあふれる言葉をもっています。

　この「セルフトーク」は，毎日の練習後に60名全員が一列に並び，グランドに向かって一気に10回ずつ叫びます。顔が上を向き，首に血管を浮かび上がらせ，体をよじらせながら全身で叫びます。周りからすれば，

誰が何を言っているのか分からず，奇妙に感じるでしょう。しかし，この「セルフトーク」のトレーニングこそが，試合中に自分を鼓舞する不思議な魔力となるのです。

また，朝日丘中サッカー部では，試合前の円陣で「校歌」を歌い（叫び）ます。赤黒のユニフォームが歌う（叫ぶ）校歌には，相手を威嚇し，自らのエネルギーを最高潮に高める大きな効果があります。

(4) M（マッチ）⇒T（トレーニング）⇒M（マッチ）の徹底

よく，「どのようなトレーニングをしているのですか」と聞かれます。そのとき，私はこう答えます。

「10人いれば，10通りのトレーニングがあります。まずは，自分のチームの試合を分析することです。」

トレーニングとは，ゲームで出た課題を克服するために行うものです。良いトレーニングの定義は難しいですが，「良いトレーニングはゲームの良い分析にある」と思います。私は年間150～170試合をこなします。週末はほとんど試合になります。年間150試合を行えば，1試合2個の課題が見えたとして，300個もの課題が見えます。300個の課題を克服するトレーニングを行えば，それなりのチームになります。

したがって，トレーニングメニューづくりは，週末のトレーニングマッチの分析から始まります。私は，常にCampus 5号のメモ帳を携帯し，図入りで殴り書きしています。きれいに書こうとは考えません。感じたこと，良いプレー，悪いプレー，そしてその悪いプレーを克服するための瞬時に考えたトレーニングなどをとにかく書きます。年間5冊くらいになります。1冊80円のメモ帳が，私にとっては財産なのです。

次は，その殴り書きしたメモ帳からトレーニングメニューを作成します。生徒はそのトレーニングメニューによって，課題の克服に努めます。そして，週末のゲームでその課題の克服にチャレンジし，できたかどう

かを確認するのです。このようにM（ゲーム）で見えた課題をT（トレーニング）に落とし込み，M（ゲーム）で確認していくのです。

　さらに，ここ数年，私は新しい手法にチャレンジしています。それがビデオです。試合をビデオに撮り，生徒に見せます。ビデオは，イメージを共有させるためにとても有効な手段です。最近は，美しいパスサッカーをするクラブチーム「バルセロナ」の映像をよく見せています。百聞は一見に如かず。目標となる戦術を見せることは，何にも代えがたい「先生」となるのです。

　サッカーは，不確実性要素がテンコ盛りのだまし合いのスポーツなのです。最終的には自由に判断し，プレーせざるを得ないのです。そこで，私が生徒に言っているのは「頭に汗をかけ！　常に考え続けろ！」という言葉です。私がつくるトレーニングメニューは，一から十まで決めて，動きをがんじがらめにするようなものではありません。生徒が自ら考え，判断するための「余白」を残します。すると，生徒はより良い判断をするようになり，メニューが発展していきます。私の予想をはるかに超える発想で，メニューが発展していくこともしばしばあります。

　私がこのような考えのもと，実行しているのは，多くの指導者との出会いがあったからです。毎年，静岡，三重，岐阜，滋賀，時には福井や神戸に遠征に出かけます。そこで出会った先輩方との語り合いは大きな財産となっています。

　「学ぶ」の語源は「まねぶ」であり，「まねる」であると聞きます。先輩方の指導法をまね，学び続けることが私の喜びにもなっています。また，野球，ソフトボール，バスケ，バレーの試合から学ぶことも多くあります。それらの試合では，タイムアウトで試合の流れが変わる場面をよく見ます。数十秒で監督はどんな魔法をかけているのか。私は興味津々でよくベンチの後ろにこっそりと座ることもあります。この「数十秒のドラマ」を起こす先輩方からも，多くを学ばせていただきました。

(5) メンタルトレーニング

　スポーツの世界では，全般的に心理的な要素が，パフォーマンスに大きな影響を与えます。サッカーは不確実性がテンコ盛りなので，より心理的，精神的な要素が大きく影響を与えます。

　私が行っているメンタルトレーニングでは，まず全員で円陣を組み，手をつなぎます。そのまま目をつぶって，頭の中にピッチを描きます。そこに自分を登場させ，徐々に仲間や相手，スペースを描きながら良いプレーをイメージします。最後に目を開け，3人と握手をしながら良いイメージを言い合います。「人はイメージ以上のプレーはできない」と思います。逆に，良いイメージをもてば，その通りに体が動くことがあります。

　このようなメンタルトレーニングを継続して行うことが，プレーに表れてくると思います。

(6) 運命を決めたPK合戦

　試合が同点の際に行われるPK合戦。「PKなんか時の運」何てことをよく耳にしますが，それは指導者の逃げの言葉に他なりません。昨年の東海大会3位決定戦。勝てば天国（全国），負ければ地獄（引退）。生徒はPK合戦直前に校歌を熱唱し，セルフトークを叫びました。メンタルトレーニングのおかげで，良いイメージをもってPKに挑みました。誰が見ても天国と地獄を分ける特別なPK合戦。しかし，彼らにとっては，何も特別なものではなかったのです。なぜなら，毎日やっていることをやるだけだったからです。

　試合終了後，部員や保護者，三重県まで応援に駆けつけてくれた先生方と声高らかに奏でた校歌は今でも忘れません。

第1章　夢をかなえる流儀を語る

3　オフ・ザ・ピッチ

豊田市立小原中学校教諭　岸本勝史

(1)　ゴミ拾いからのスタート

　私は教員となって今年で19年目を迎えます。多くの方に支えられ，18年間サッカーの指導に携わってくることができました。その間，市内では強豪と呼ばれる学校の生徒や，全くの初心者チームを指導してきました。優勝できるチームもあれば，毎年1回戦すら勝てないチームもありました。しかし，どんなチームの指導に際しても自分が心がけていたのは，そのチームを支えてくださる全ての方々に愛されるチームを作るということです。そのためには部活動はもちろんですが，普段の生活から当たり前のことを当たり前にがんばる姿が不可欠です。

　新任から小学校勤務の3年間を経て，私は梅坪台中学校に赴任することになりました。梅坪台中学校は，元々サッカーの強豪校でした。森憲治先生，清水尚先生の熱心な指導のもと，以前には全国大会出場も果たしていました。自分が赴任した頃は，お二人の先生がすでに転任された後で，地域クラブの指導者と協力しながら活動を進めていました。

　一定の成績は残していても，サッカー部の活躍が周囲に喜ばれていない印象を受けました。土日に練習試合が行われた後のグラウンドには，たくさんのゴミが落ちています。月曜日にそれを見た先生方が「どうせ，サッカー部だろ」とつぶやくのです。サッカー部の生徒が，学校生活のルールを守らず問題を起こすこともありました。顧問として大変肩身の狭い思いでした。今では部活動と地域の協力は当然のことですが，当時はその体制ができておらず，生徒たちには「試合に勝ちさえすればいい」という雰囲気がありました。私はそんな様子を見て「たとえ優勝し

ても，周囲の人に喜んでもらえなければ意味がない」と考えるようになりました。その思いが，私の部活動指導の原点になっています。

　そこでまず，グラウンドのゴミ拾いから始めました。時には試合に来た他のチームが捨てていったゴミを，生徒と一緒に駅まで拾って歩きました。遠回りかもしれませんが，自分はまず，そこから始めました。

　サッカーの試合中，自分がボールを触っている時間はわずかです。ボールがないときに様々な情報を集め，分析し，判断していかなければなりません。その力はサッカーの練習以外でも身につくと信じています。

　「オフ・ザ・ピッチの力は，必ずチーム力の向上につながる。」

　今でもその考えは変わっていません。

(2)　試合からのフィードバックを大切にする

　私が部活動指導で大切にしてきたことは，まず指導者の役割分担を明確にするということです。梅坪台中学校では，私よりも前からチームを指導してくださっていた地域クラブのコーチがいました。私とその方が違うことを言うと生徒が混乱します。ですから，生徒の前では食い違った指導をしないように心がけました。戦術的な部分はコーチに任せ，私はモチベーターとしてチームを鼓舞し，サッカーやチームから気持ちが離れてしまいそうな生徒に対して，時には厳しく指導し，時には共感的に支えるという役割に徹しました。また，そういった指導体制について，保護者の方にも理解していただけるよう努めました。

　私は，サッカーという競技が「不器用な足を主に使うスポーツである」という特性を踏まえ，技術練習を大切にしています。そして，その技術をゲームの中でどう発揮するかということを考えます。サッカーは，敵と味方が入り乱れるスポーツですので，相手のプレッシャーを受けない状況はあり得ません。トレーニングの中でも選手やチームの現状にあったプレッシャーをどうかけていくのかを常に考えています。そして，

第1章　夢をかなえる流儀を語る

できるだけ試合で起こった状況をイメージできるようなメニューを組むようにしています。今は，代表や有名なチーム，トレセンのトレーニングメニューなどの情報が簡単に得られます。それを取り入れて満足するのではなく，そのエッセンスを，チームが試合で直面した課題にどう生かしていくのかを考えています。さらに，集中力です。特にトレーニング中，ボールがない時に何を考えるのかを強く求めてきました。長い時間，だらだらと練習するくらいなら，短時間で集中してトレーニングする方が効果的です。それを意識させるために，自分自身が時間を意識し，見通しをもってトレーニングや試合に臨むように心がけています。

(3)　敗者復活からの初優勝

「梅坪台は，市内では強いけど上では通用しない」当時よく耳にした言葉です。チーム状態は年々向上していましたが，毎年，西三大会3位，あと一歩のところで敗れ，県大会出場を逃して悔しい思いをしていました。今思えば，自分自身が勝負弱い監督だったのかもしれません。

　指導を始めて5年目のチームで，やっとその壁を破ることができました。そのチームは，クラブチームを含めた春の新人戦で，県ベスト8の成績を残していました。当然，夏の中学校総合体育大会も優勝を期待されていました。しかし，春からチーム状態がなかなか上がらず，市内大会のベスト8で負けてしまいました。敗者復活は残されていましたが，チーム状態はどん底でした。そこで選手も監督もコーチも保護者も，それまで表に出さずにいた感情を全て吐き出し，全てを一からやり直そうと話し合いました。敗者復活は厳しい試合の連続でしたが，何とか第5代表となって西三大会への出場権を得ることができました。

　結果的に苦しい戦いを一つ一つ乗り越えることでチームは大会を通じてさらに成長し，自分としては初の西三優勝を成し遂げることができました。試合後スタンドを見上げると多くの保護者，OB，そして学校の

先生方が応援に来て祝福してくださっていました。ようやく皆さんに支えられるチームに成長できたと感じました。

(4) 環境が変わっても

　梅坪台中学校には7年間在籍し，山間部の小学校へ転勤することになりました。梅坪台中学校には，その後，山岸怜先生，榊原益夫先生という力のある先生が赴任されてさらに成長し，2度目の全国大会出場を果たします。そのメンバーは，自分が最後の年に関わった小1から中3までの一貫した指導体制づくりの最初の小学校1年生だと聞き，少しは役に立てたのかなとうれしく感じています。

　転勤後の山間部の小学校，中学校でもサッカーの指導に携わることができました。ほとんどの子どもが初めてスパイクを履く状態からのスタートです。小原中学校では5年間指導しましたが，協会の大会では勝利したものの，夏の中学校総合体育大会では一度も一回戦を突破することができませんでした。しかし，指導にかける想いは何も変わりません。小原中で1勝を目指して指導することは，自分の中では梅坪台中学校で全国を目指して指導することと同じ気持ちでした。当初はサッカーの試合にすらならずに大差で負けていたチームが，夏には市内のチームと戦えるまでにたくましく成長する姿を見て，小原中学校の先生方や保護者も梅坪台中の時と同じように喜び，チームを支えてくださいました。

　残念ながら小原中学校サッカー部は，生徒数の減少のため，来年の夏をもって活動に終止符を打ちます。サッカーの底辺を広げるはずの自分が，サッカー部の廃部に関わることになるとは思いもよりませんでしたが，地域の現状を考えると仕方ない選択だと思っています。寂しいことですが，今後も小規模校では同じような状況が起こってくると思われます。やりたくてもできない環境にある生徒に対して，学校の部活動がどうあるべきか，今後も考え続けなければならないと感じています。

第1章　夢をかなえる流儀を語る

バレーボール

　男子では，集団スポーツの中で，野球，サッカー，バスケットボールに次ぐ4番人気の部活動です。そのため，運動神経の優れた生徒は，なかなか入部してきません。ただ，身長がものをいうスポーツですので，能力が低くても，長身選手を上手く育てることが，勝つためには必要です。
　一方，女子では，最も人気のある部活動です。ただ，上を目指す部の練習は厳しいこともあり，強豪校ほど部員集めは難しい状況にあります。生涯スポーツの中では，ママさんバレーに親しむ人口は，他のスポーツの追随を許しません。それゆえ，部員を増やす手立てが必要です。

【男子部】❶　体育館に一礼して巣立つ生徒たち
小泉　修（豊田市次世代育成課指導主事）1961生
・市内大会優勝8回
・U-14の豊田選抜チームの監督を務め，愛知県大会優勝

【女子部】❶　女性の副顧問としてできること
黒柳菜緒（豊田市立美里中学校教諭）1981生
・愛知県大会優勝1回
・東海大会優勝2回，準優勝1回
・全国大会出場3回

【女子部】❷　当たり前の風景がきらめく
辻　牧男（福井県大野市立陽明中学校教諭）1962生
・福井県大会優勝5回，準優勝3回，3位8回
・北信越大会出場8回，3位1回

【女子部】❸　人生を変えたバレーボール
渡邉大輔（豊田市立竜神中学校教諭）1974生
・市内大会優勝1回，準優勝9回，3位9回
・西三河大会準優勝1回，3位3回
・愛知県大会出場1回

【男子部】1 体育館に一礼して巣立つ生徒たち

豊田市次世代育成課指導主事　小泉　修

(1)　将来の希望職業は「バレーボール部顧問」だった

　私自身，中学1年生から大学4年生までの10年間，バレーボール部に籍を置き，少しでも上の大会への出場や一つでも上の順位を目指しながら学生時代を送ってきました。教員志望を持ったのは，いつごろだったでしょうか？　中学の時の顧問の先生がとても熱心で，「いつかは自分もやってみたい」と思ったのか，「教員志望」はいつの間にか「顧問志望」に変わっていました。

　新任として勤務校に呼ばれた時も，何年生の担任になるのか，何年生の授業を担当するのか，校務分掌は何かなどはまったく気にならず，「男子バレーボール部の顧問をやらせてもらえるのか」ということしか頭にありませんでした。思いは50％ぐらいかなったのでしょうか，私は女子バレーボール部の副顧問としてスタートを切りました。

(2)　指導法の間違いに気づかされた

　「名選手が名監督ならず」という言葉があります。私は名選手ではありませんでしたが，やはり10年間自分が選手としてバレーボールを続けてきたという自負もあり，自分がやってきた（やらされてきた）練習内容を同じように生徒たちにやらせていました。

　当時は教員チームでも現役選手を続けていたこともあり，女子中学生が驚くほどの力強いボールを打ち出すことができました。今思えば，恥ずかしい話ですが，まだ基本技術も十分に身についていない生徒たちに，恐怖感しか与えないような強いボールを出し続けていました。それでも，

練習量だけは校内のどの部活動にも負けないほどだったので，市内大会で上位に入賞するのに時間はかかりませんでした。

　そこでさらに，名古屋や岡崎，豊橋などの強豪校に胸を借りに出かける機会を増やしました。衝撃を受けたのはその頃です。強豪校相手ですから，1セットも取れないことは珍しくありません。ただ，もっと驚いたことは，強豪校はどこも選手全員が同じ形でプレーしているように見えたことです。つまり，顧問がしっかり基本の姿勢を教え，それが完璧にできるようになるまで丹念に指導していることがわかったのです。

　岡崎に練習試合に出かけた時に，大学のバレー部の先輩で今は故人となってしまわれたT先生から「強いボールをレシーブさせる練習は，球出しをした指導者は練習をやった気になる。でも，勝敗のカギを握るのは，簡単なボールをいかに正確に敵に返す能力があるかだ」とアドバイスを受けました。その後，ひざの曲げ方の角度は何度，両足の幅は何センチ，両手の位置はここ……など，こと細かに教えられました。その姿はまさに「教えるプロ」でした。それからは，基本にもどり，時間をかけて，一つ一つの技術を教え込むことに専念しました。

　一度身体に染み付いたクセを直すには，多くの時間と根気が必要で，練習時間はますます長くなりました。練習試合の相手も生徒たちの手本になるような学校を選び，出かけることが増えました。

　10年間の女子バレー部顧問で多くのことを勉強した私は，32歳になって念願だった男子バレーボール部の顧問になりました。

(3) 多くの人に応援してもらえるチームに

　高校総体の常連校である星城高校の竹内先生が，「そのチームが強くなるためには，どれだけ多くの方が応援してくださっているかにかかっている」と話してくださったことがあります。その言葉を大切に，チームを指導しています。

「学校生活で多くの先生方から認められ，保護者や地域の方からも認められるような子どもたちに育てたい」という強い思いが私にはあります。子どもたちにとっては，気を抜くことができず，大変かも知れません。でも，「あんな子は，早く負けてしまえばいいんだ」と思われていては，その子はコートで輝けないと思います。

　練習の行き帰りには，どこから見てもバレー部員だとわかるようにチームでお揃いのTシャツを着せました。これで寄り道も，ノーヘル自転車運転も2人乗りもできません。また，大会や練習試合には多くの保護者に見学に来ていただくようお願いしました。自分が男子バレー部の顧問になった頃は，大会会場に足を運んでくれる保護者は，あまり多くありせんでした。年頃の男の子たちですから，親に自分のプレーを見られることを嫌がっている様子もありました。でも，すぐに慣れてしまい，逆に応援に来てくれないことに不満を抱くようになってきました。

　顧問としても，会場に足を運んでくださった保護者に，お礼の気持ちを伝えるべく，その保護者の子どもをできるだけ試合に使うよう心がけました。勝敗度外視の練習試合では，特に積極的に使いました。今では，多くの保護者が当たり前のように大会会場に来てくださいます。

(4)　この指導が男子を伸ばす

　「型にはめ，型から出す。」
　一言でまとめると，これが私の指導のポイントです。
　最近は小学校時代に球技に親しんでいない子どもが増え，ボール感覚の乏しい新入生が多く入部してきます。まずボールに慣れ親しませるために，他のどのチームよりもボールに触れさせています。もちろんいわゆる「球拾い」の役目もありますが，できるだけ先輩と同じ練習が早くできるように育てることを心がけています。「男子は持久力に欠け，長い練習ができない」ということもよく耳にしますが，ボールにたくさん

触れさせるという視点では，長時間の練習も必要であると考えます。

　男子の場合，見栄えのするカッコいい練習をしたがります。具体的に言えばスパイク練習です。「やめ」の指示を出さなければ，永遠にやり続けるほど，男子はスパイク練習が好きです。でも，私の練習ではパス練習やレシーブ練習が時間の大半を占めます。子どもたちには，
　「パスやレシーブがバレーの試合の生命線である」
と納得させ，しつこいほどに，この二つの練習に時間を割きます。

　もう一つ大切にしていることがあります。
　それは，「生徒たちが自分で考え，行動する姿勢」です。

　練習1時間につき10分ほど，休憩時間をとるようにしています。私はこの休憩時間も，できるだけ体育館を離れないようにしています。生徒の多くは給水やトイレをさっさと済ませ，自分たちでボールやネットを使って遊びだします。

　この「遊び」が，実はとても重要だと考えています。だいたいは，誰かがセッターを務め，クイックや時間差，速い平行トス，バックアタックを打ったり，ジャンピングサーブの練習をしたりして遊んでいます。このまま放っておきたくなる時間でもあります。彼らがすばらしく良い表情でバレーボールを楽しんでいるひと時です。振り返ってみれば，自分自身も中学や高校の時，自分たちでいろいろなコンビ攻撃を考え，ハンドサインや言葉での暗号を決め，実戦で使っていました。こういう時が一番楽しかったことを思い出します。

　何でもかんでも，子どもたちの自主性に任せていては，勝てるチームはできません。しかし，子どもたちの潜在能力や言葉にできない思いを把握し，勝てるチームへのヒントを得るためには，休憩時間の「遊び」はとても役に立っています。

　このことが基礎基本を身につけた生徒たちが，「型から出ていく」場面に結びついていくのだと，私は考えています。

(5) 体育館に一礼して巣立つ生徒たち

　女子の顧問を12年，男子の顧問を14年間務めてきました。その間，いろいろな試合があり，その都度，喜怒哀楽いろいろな気持ちになりました。心に深く残っているのは，生徒たちの最後の試合（最後負けて終わるものです）の最後のボールが床に落ちた瞬間です。

　しかし，それ以上に感動する場面が，私にはあります。それは，毎年3月に行われる卒業式です。生徒たちは，中学校生活の最も長い時間を過ごした体育館で，中学校最後の日を迎えます。式が終わり，会場を退場していく部員たちが，体育館を出る直前に決まって振り返り，深々と体育館に一礼していきます。それが先輩から後輩へ代々受け継がれています。勤務校が替わっても同じ姿があります。ベンチでは泣いたことがない私が，毎年，涙が止まらなくなる至福の時です。

(6) 「教員志望」ではなく「顧問志望」

　年齢を重ねていくうちに，一つの学校に勤務する期間が短くなりました。若い頃は10年間ぐらいじっくり時間をかけて，バレーボール環境を整えることができましたが，最近はそうはいかなくなりました。つい先日，平成20・21年度の2年間，校務・教務主任を務めながら主顧問を担当した逢妻中学校男子バレーボール部が初の県大会出場を果たし，東海大会まであと一歩のところまで勝ち進んでくれました。その姿をベンチではなく，観客席から見つめました。少し複雑な気持ちはありましたが，彼らの成長した勇姿を見られたことは，私の大きな喜びでした。

　四つの中学校を歴任してきました。自分が勤めた学校をあまり気にすることはありませんが，その四つの学校のバレーボール部の活躍の様子は，今でもとても気になります。やはり私は「教員志望」ではなく「顧問志望」だったのかも知れません。

【女子部】
1 女性の副顧問としてできること

豊田市立美里中学校教諭　黒柳菜緒

(1) 監督と生徒が経験するすべての時間に自分も関わること
―同じ時間を同じ思いで過ごさなければ，誰も支えられない―

　美里中学校に勤務して副顧問を務めていた5年目の夏，東海連覇がかかっていました。あの舞台を今思い出しても，熱さで息もできないほど胸がいっぱいに満たされます。

　私は，1年前の暑い夏の日，東海大会で初優勝した先輩たちの後を継ぎ，「東海連覇」という，とてつもない目標を掲げた生徒たちの瞳の輝きを知っていました。寒い冬の日，つらい練習に耐えきれず，逃げ出した生徒たちの凍りつきそうな涙を知っていました。春夏秋冬，監督が生徒に伝えた厳しい言葉や温かい言葉の一つ一つを知っていました。

　そして，私は，常に監督に寄り添い，生徒たちと同じ時間を同じ思いで過ごすことは，東海連覇を夢に描いた彼女たちの追い風になると信じていました。

　東海大会準決勝。相手はこの1年で一番多く練習試合を行い，共にライバルとして競い合ったT中学校でした。愛知県大会では，準決勝で負けている相手です。

　監督が，試合前に指示したことは「サーブは相手の1番を外せ」と，ただひとつだけでした。試合開始のホイッスルが鳴り，生徒たちは果敢に戦いに挑んでいきました。しかし，監督の指示通りに打ったサーブが，ことごとくエンドラインを5cmオーバーしてしまいました。生徒たちは，県大会の負けをプラスに変えるほどの自信をもってこの試合に臨んでいました。それが，強気の攻めになり，いつもはエンドライン上に落ちるボールが，少しアウトになっていたのです。見事に，全員のサーブが，

エンドラインを割り，1セット目を落としてしまいました。次のセットを落とせば，東海連覇の夢は消えてしまうのです。

　2セット目が始まる前，監督は生徒たちにこう言いました。

　「いい形のサーブミスだ。次のセットは必ずサーブが入るから大丈夫だ」と。その言葉を聞く生徒たちの表情に不安はありませんでした。2セット目が始まり，監督の言う通り，確かにサーブは全て入りました。しかし，流れは一向にこちらにはきませんでした。監督は，生徒たちの顔に少し不安がでてきたのを見逃しませんでした。

　5点リードを許したところで，監督がタイムをとりました。そして，そのときに予想外のことが起こりました。監督が，生徒たちを私の周りに集合させたのでした。この勝負のかかった大事な場面で，監督は私に何を要求しているのか。

　自分でも驚いたことに，考えるより先に言葉が飛び出していました。今までで一番厳しい声で怒鳴っていました。

　「あなたたちは，今まで何のために練習してきたの。一番苦しい場面で監督が指示したことをできるようにするために，今まで汗と涙を流してきたんじゃないの。」

　「この試合で監督があなたたちに与えた指示は，一つだけでしょ。」

　「『サーブは相手の1番を外せ』だよ。」

　生徒たちのサーブは，ミスを恐れて，無意識の内に相手の1番に吸い込まれるように集まっていたのです。

　その作戦タイムのあと，生徒たちは次々に

エンドライン上にサービスエースを決め，2セット目をもぎ取り，勢いにのって3セット目は相手を圧倒したのでした。見事な大逆転勝利でした。

そして，決勝戦でも生徒たちは監督の指示どおりの見事なプレーで，東海連覇の偉業を成し遂げたのです。

閉会式後，東海大会の優勝盾を監督が私に手渡してくださいました。

そして，「この勝利は，副顧問の君のお陰だよ。あの君の一言がなければ，あのままT中に負けていた。俺一人では，やっぱり勝てなかったな。ありがとう」と言ってくださったのです。でも，監督は，あの場面できっと私が，監督の指示を繰り返すことを知っていたに違いありません。そして，生徒に最も近かった私が，彼女たちを叱ることによって，最後の試合のプレッシャーに負けそうな心を奮い立たせるであろうことを予測していたはずです。

生徒の夢を支え，それをかなえる監督に恩返しができたことが，私の大きな喜びでした。さらにこの経験と自信が今の自分を支えてくれているのです。私の指示を聞いた瞬間に，あの会場中に響き渡った「はい」という彼女たちのそろった返事は，いつまでも消えることなく私の心の中でこだましています。

(2) **女性だからできること**

① **女性らしさを育てる**

スポーツは勝負がかかっているので，気合いだとか根性のようなもの

が必要になります。

　美里中学校の女子バレーボール部員も，夢に向かって無我夢中になっています。髪の毛を短くしたり，大きな声を出したりして，毎日練習に明け暮れています。その髪の短さは，男子生徒に間違えられるほどですし，その声の大きさは，地域の方が見にこられるほどです。

　一つのものを懸命に追い続ける姿は，とても美しいと思います。しかし，一旦コートから出れば，女性らしさが必要だと思います。いえ，時にはコートの中でも女性を捨ててはいけないと考えます。中学生であろうと，女子には，女性らしさを育てることが必要です。

　だから，私は，部活動を通して，女子生徒が輝きを増すために，勝つことと同じように，女性らしさの育成に心がけるようにしています。

　言葉遣いはもちろん，話を聞くときの表情や食べる時の姿勢にいたるまで，細かく指導しています。今では，男子だか女子だか分からない口調で話す女生徒が多くいます。能面のような表情でしか話を聞けない女生徒も多くいます。また，口に物を入れて大きな声で話すことや立ち歩くことなどは平気です。着替えた服を脱ぎ散らかすことやバッグを開けっ放しにすることも，女生徒でも当たり前の姿になっています。

　しかし，美里中学校のバレー部の生徒は，大和撫子ではありませんが，おしとやかで控えめです。よく「こんなに華奢な女の子のどこにあんなパワーが隠れているのですか」と試合後，聞かれることがあります。

　ある試合中には，こんな出来事もありました。緊迫した場面で，相手からのサーブが打たれる瞬間に，構えたキャプテンの友美の前に，埃の塊が風に舞って運ばれて来ました。すると友美は，その塊を拾い，膝のサポーターの中に挟み，何事もなかったかのように飛んできたサーブをレシーブし，スパイクを打ちにいったのです。

　いつも，そんな美しいバレーボーラーに触れようと，多くの方々（年配のおじさんが多いかな）が体育館に足を運んでくださっています。

第1章　夢をかなえる流儀を語る

②　女性らしさをプレゼントする

　生徒たちには，周りを見て行動できるようになってほしいと思っています。さらに，相手を気遣う気持ちを養ってもらいたいと思っています。

　バレーボール競技は，コートの中の仲間の動きも見なければならないし，相手コートの様子もとらえなければなりません。さらには監督からの指示にも，瞬時に反応しなければならないのです。

　これは私自身の経験からですが，高校進学したとき，大学進学したとき，社会人になったとき，節目ごとに，先生や上司から言っていただけた言葉がとてもうれしかったからです。それは，「バレー部で鍛えられているだけあって気遣いが素晴らしいね」という言葉です。

　大人への階段を上っていく生徒たちにとって，部活動に燃えた3年間は大きな大きな財産になると思います。その財産の一つとして，「周りを見て行動できる力」と「相手を気遣う気持ち」を持った女性らしさをプレゼントしたいと思っています。

　大会の日には一日中，審判の先生や他校の顧問の先生に飲み物を出す生徒がいます。「いつもありがとう。その心づかいが気持ちがいい」と優しく声をかけてくださる先生方やお客さんがいます。そんな声が聞こえてくることが，副顧問の私にとっては，とてもうれしい瞬間です。

　また，時々，卒業生が体育館に顔を出してくれるときがあります。必ず，監督にはブラックコーヒー，私にはたっぷりの砂糖とミルクが入った缶コーヒーを，持ってきてくれます。小遣いの少ない中，なんて優しい心遣いなのでしょうか。

菜緒15の冬 in 大阪

【女子部】2 当たり前の風景がきらめく

福井県大野市立陽明中学校教諭　辻　牧男

(1) プロローグ

　2004年7月18日……，私の部活指導に対する考え方のみならず，人生観を大きく変えることになったこの日の情景は，今も鮮明によみがえってきます。福井県嶺北地方の山沿いを中心に降った大雨（1ヵ月分の雨が1日に降った）は足羽川に流れ込み，氾濫した濁流は流域の美山町（現福井市美山地区）や福井市東部の家屋，田畑，交通網などすべてを破壊し，人命までも奪いました。のちに「福井豪雨」と名づけられる災害の真只中に，この私もいたのです。

　この日は1年間に及ぶチームの集大成，夏の地区大会の初日でもありました。この年の女子バレー部の3年生6人は，中学校になってバレーボールをはじめた生徒ばかりで，まずはボールを投げるところからのスタートでした。左足で踏み込んで右手で投げることすらできず，右足と右手がいつも一緒。そんな子たちでしたが，上手になりたい，コートにたって活躍したいという思いは人一倍強く，練習をつけてもらおうとカルガモ親子のように顧問のあとをおっかけていました。その子たちがスタメンとしてコートにたって戦う夏の大会が始まる日でした。

　外はまさにバケツを逆さにしたようなどしゃ降りの雨，私はただ試合会場の大野市尚徳中学校だけをめざし家を出ました。

(2) バレーボールとの出会い

　私がバレーボール部の指導に携わるようになったのは27歳の時，大野市立陽明中学校に赴任してからです。ちょうど男子バレーボール部の顧

問を担当する者がいなかったので，若くて身長が高いという理由で，一切バレーの経験のない私に，白羽の矢が当たりました。主顧問としての部活指導すら初めての事で，不安でいっぱいのスタートでした。

　体育館の隣のコートで練習していた女子バレー部顧問のMT先生は県下でも優れたバレーボール指導者でした。何も知らない若造の私を一人の顧問として扱ってくださり，「一緒に，陽明中学校をバレー学校にしよう。大野地区をバレーボールの地区にしよう」と，夢を語ってくださいました。学校教育の中でみんなに応援されながら部活動をすることの大切さとその方法や心構えをMT先生から学びました。

　また，私が新採用で赴任した春江中学校のJT先生率いる男子バレー部は北信越でも優勝するほどの強豪に成長していました。JT先生は私が顧問になったことを知ると，練習試合の相手をしてくださったり，練習法を教えてくださったりと，私をバレー仲間の一人として育ててくださいました。私が男子バレーを指導して四年目，県二位となって念願の北信越出場を果たしましたが，その県大会の準決勝で戦った相手は，なんとJT先生の春江中学校だったのです。

　もうお一人，JT先生と同じく春江中学校で出会った女子バレー部のK先生は，次に赴任された丸岡中学校で常勝チームを作り上げ，レベルの高い北信越ブロックを勝ち抜き，数度の全中出場を果たしていました。そんなK先生も，私のことを気にかけてくださいました。私が指導を始めて7年目，ついに陽明中学校は県を制覇しましたが，その年の女子の優勝はK先生の丸岡中学校でした。先生は陽明の優勝をことのほか喜ばれ，先生なりの愛情表現で「この後もついておいで」と励ましてくださいました。しかし，続く北信越大会で私はあと一勝ができず，全中出場を果たしたK先生についていくことができませんでした。

　今でも肝に銘じているK先生からの教えが二つあります。

　一つ目は，試合のときの心構えです。「チームや生徒の一番良いとき

をイメージして試合していると，何で？　とか，どうして？　という言葉が出てきて，生徒も監督も焦る。試合は練習どおりにしかならないのだから，チームの一番悪いときを想定して，それでも３セット目最後２点差つけて勝つ方法を考えて試合を運ぶ」ということです。

　二つ目は，生徒にとって一番悪い指導者はどういう指導者かということです。顧問を次の４つのタイプに分けてみます。

　　Ａタイプ，情熱があり指導方法を良く知っている顧問
　　Ｂタイプ，情熱はないが指導方法を良く知っている顧問
　　Ｃタイプ，情熱はあるが指導方法を知らない顧問
　　Ｄタイプ，情熱もなく指導方法も知らない顧問

　私はＤタイプが最も悪いと思っていました。しかし，答えはＣタイプなのです。Ｃタイプの顧問に出会った生徒は，情熱をもって間違った技術や間違った身体の使い方など教え込まれてしまうので，伸びない上に怪我をしたり，身体を壊したりしてしまいます。結果的に不幸な生徒を生むことになるのです。だから，指導者は常に勉強し，正しい指導法を身につけなければいけないということを教えてくださいました。

　不安でいっぱいのスタートだったバレーボールの指導ですが，３人の先生方をはじめとする多くの先生方や，何よりすばらしい生徒との出会いを通して，次第に結果が伴ってきました。県優勝や準優勝，北信越出場そして，全中出場もそこまで来ているように思えました。

　もちろんそんなに甘いものではありません。付け焼刃の指導しかできないくせに，ある程度結果が出せたものですから，心のどこかに驕りが生まれていたのだと思います。指導力もないくせに，生徒を上から見下すようになっていました。指導したことができないと自分の指導法の問題点を省みるのではなく，できない生徒を叱り飛ばすようなことも多くなりました。生徒を育てることよりも，勝つことにだけにこだわるようになっていました。こんな指導では結果が良くなるはずはありません。

⑶ 女子バレーの顧問となって

　バレーボール部の指導を始めて10年目，開成中学校に異動になりました。開成中学校には女子バレー部しかなく，顧問は陽明の女子バレー部を指導されていたMT先生でした。本来なら別の部をもたないといけないところだったのですが，学校の配慮で，MT先生と一緒に女子バレー部の顧問をすることができるようになりました。

　ただ，女子バレーの指導は男子以上に難しく感じました。心の片隅に男子バレーに戻りたいという気持ちがあったことも事実です。ある程度認められ，仲間も多い男子バレー界の方が居心地が良かったからです。最初から，男子への未練を残しつつ女子を指導してもうまくいくはずはありません。特に，女性は相手の本心を見抜くことに長けていますからなおさらです。それでも，開成中の女子バレー部には母体となる少女バレーがあり，スタメンの半分以上は経験者でしたから，県大会にはほぼ毎年出場でき，ベスト4になったこともありました。

　しかし，福井豪雨が起きた年のチーム（開成で5年目のチーム）は3年生全員が初心者からスタートしたチームで，練習試合をしても負けばかり，新人戦・春季大会も県大会に出場できませんでした。それでも，生徒たちは県大会出場をめざして，どれだけしごかれようが叱られようがひたむきに練習し，県大会も夢ではないレベルにまで成長しました。

　そんな生徒たちの最後の大会がいよいよ始まるのです。

⑷ 豪雨当日とその後

　2004年7月18日午前6時，どしゃ降りの雨の中，車で家を出ました。私の家は美山地区の山間部にあり，試合会場の尚徳中学校まで車で40分以上かかります。すでに道路の何ヵ所かは，山から押し流された土砂でセンターライン付近まで埋まっていました。幸い車高のある四駆ワゴン

車に乗っていたため，何とか土砂をよけながら10km近く進んだのですが，下流の足羽川沿いまで来たときには，すでに，あふれ出た川の水で道路は冠水し，それ以上進めない状態になっていました。

　私は何とか別の道はないかと考え，今来た道を戻り，山越えの道にチャレンジしました。山越えの道は狭くて急な山道なのでより危険でしたが，一縷の望みにかけたのです。しかし，先ほど通れた道も，戻るときにはいたるところで土砂崩れが発生していました。3kmほど戻った時点で，道路は完全に土砂で塞がれました。あきらめて後ろに後退すると，今度は車の後ろで土砂崩れが発生し，後輪の一部に土砂が当たるのを感じました。右手には，足羽川の支流の上味見川があり，溢れんばかりに流れています。その場にいることへの危険を感じた私は，車を乗り捨て，何とか土砂を乗り越えて，再び歩いて川沿いを下りました。車では無理でも何とか歩いて会場まで行けないかと考えたのです。泥だらけの上に，痛いほど大粒の雨が体を打ち，体温が奪われます。次から次へと，山の斜面から滝のように水が道路へ流れ足が取られそうになります。しかし，不思議なもので少しも怖いと思いませんでした。ただ「会場に行かなくては」という思いだけでした。

　しかし，やはり徒歩で行くことも無理でした。氾濫した足羽川は道路も民家も覆い尽くしています。上流から流れてきた大木や車が橋げたに引っ掛かりダムのような状態になり，そのダムを乗り越えるように川の水が噴き上げています。一本上流の橋は耐え切れず流されました。私は，前にも後ろにも進むことができず，結局，会場へ行くことをあきらめざるを得ませんでした。そして，避難先の公民館から会場の副顧問の先生に，監督代行を頼むことを電話で伝えたのです。

　雨は昼ごろには上がり，嘘のように晴れ間まで見えてきました。私は家までの8キロほどの道を歩いて戻りました。道を戻ったというより，土砂崩れを回避しながら山を歩いて戻ったといった方が正確かもしれま

せん。心配だった我が家ですが，家族全員避難していて無事でした。しかし，子どもたちの夏季大会の様子は分かりません。実は，洪水で携帯電話も家庭電話も通じなくなっていたのです。

　地区大会は2日にわたって行われます。何とか2日目，山沿いの道を通って会場に到達することができました。会場に入ったとき，昨日の事が嘘のように当たり前の風景がありました。試合前の元気な生徒の声，ボールを出す先生。生徒たちが私を見つけ一目散に走り寄ってきます。

　結果云々より，「やっとこの子たちに会えた」そんな思いだけでした。恥ずかしい話ですが，勝ち負けよりもこの子たちに会えただけで良かったのです。試合を見ながら，熱いものが込み上げるのを抑えることができませんでした。残念ながら，県大会出場を果たすことはできませんでした。私にとっては，県大会を逃したのは十数年ぶりです。でも，そんなことはどうでも良かったのです。この子たちがいるから「自分がバレーボールを指導できる」，この子たちがいるから「自分が自分でいられる」，そんなことに初めて気づいたのです。

　福井豪雨の被害の状況を知ったのは，全国放送のテレビ番組からでした。カメラは美山中学校の体育館の様子を映しました。美山中学校の女子バレー部とは姉妹校のように練習試合をしています。この体育館で何十セット練習試合をしたかわかりません。その体育館が泥の海なのです。張ったままになっているバレーのネットは垂れ下がり，下の方は泥につかっています。地区大会出発前の朝練をするために張っておいたのでしょう。学校を襲った濁流と土砂は，大切な試合用具，学習用具，思い出の品々，すべてを流し去っていました。その映像を見た私は，いてもたってもいられなくなりました。何かしなくては……。

　次の日，私は学校の許可をもらい，美山中学校の土砂除去作業のボランティアに出掛けることにしました。大会が終わった3年生たちも，美山中学校の惨状を見て，ぜひボランティアに行きたいといいます。

体育館の土砂は予想以上の量でした。美山中の生徒，保護者，たくさんのボランティアが泥まみれになって泥をかき出しました。すべてのものが流されました。ついこの前まで，夏の大会に向けて，グランドで白球を追っかけていたのに……，体育館で汗を流していたのに……。当たり前だと思っていた日常が決して当たり前ではなかったことを思い知らされました。

(5)　エピローグ

　豪雨によって，多くのものを失いましたが，得たことも数限りなくあります。
　以前は，あれほど勝ちたい勝ちたいと思っていた部活動ですが，この豪雨をきっかけとして，この部活動を選んできてくれた生徒に正直に向き合おう，おなじ人間として本音で語ろうと心がけるようになりました。そして，何よりもバレーボールを通して，一人の生徒の自立を手助けすることを目標にして取り組むようになりました。
　不思議なもので，結果も出てくるようになりました。2年後，再び陽明中学校に戻り，女子を指導するようになって5年経ちましたが，夏の大会でベスト4以上に4回なっています。冬の県大会では二連覇を果たすこともできました。今年のチームは平均身長が156cmのちびっこチームでしたが，県大会で3位となり北信越に出場することができました。北信越をかけた決定戦を見ていたたくさんの方は，みな同じことをおっしゃっいました。「感動しました。背の高い子がいるわけでもないし，特別な攻撃があるわけでもないのに，あの子たちは自分たちで試合をつくっているんですね。絶えず，喋って作戦を立てたり，声かけ合ったりして，試合が競っていても焦らず楽しんでるじゃないですか。監督は座って知らん顔してるだけだし……」と。
　決して，私もただ座って見ていただけではないのですが……。

【女子部】3 人生を変えたバレーボール

豊田市立竜神中学校教諭　渡邉大輔

(1) I will be back.

　バレーボールは，私自身に大きな影響を与えてくれました。

　小学生の頃，仲間に誘われて，何気なく入ったバレーボール部。その頃の私は運動が苦手で，好きではありませんでした。「がり勉君」と呼ばれるほど，運動とは無縁の生活を送っていました。そんな私が中学でバレーボール部に入り，ただひたすら練習に打ち込みました。少しずつ，活躍が認められてくると，私の目の前の世界が変わっていきました。

　そして，いつしかバレーボールが，運動のできなかった私を体育教師に導いてくれたのです。教員採用試験に受からず，講師を何年も続けました。しかし，そのときのめぐり合いが，今の自分を創ってくれたのです。尊敬できる先輩に出会い，一緒にバレーボール部を指導させていただき，「全国大会出場」という経験をさせてもらったのです。その全国の開会式で，自分のチームの入場行進する姿をみつめる監督の姿が印象的でした。その感動が忘れられず，次は，自分が監督としてこの場に戻ってきたいと強く思ったのです。

(2) １年，１年が勝負

　入部してくるのは，バレーボールの経験がない子ばかりです。バレーボールは，特に経験がものをいうスポーツです。経験年数の差は大きな壁となります。

　私の指導の大きなテーマは，「中学校の２年半で小学校経験者に追いつく」ということです。そのためには，練習時間の確保と能率のよい練

習が欠かせないと考えています。小学校の経験者がボールを1回触るところを3回触らせる指導法に心がけています。質と量を兼ね備えた練習方法の工夫が大切だと考えています。もう一つ大切にしていることは，毎年，毎年が勝負ということです。

　3年生だけでレギュラーを組めるということは，ほとんどありません。運動能力の高い子が集まるということも，あまりありません。しかし「今年はダメだ」とあきらめることは絶対にしないということです。

　バレー部に魅力を感じ，バレーボールに青春をささげるために入部してくれた大切な子どもたちだからこそ，可能性を信じ，彼女たちの可能性を無駄にすることは絶対にしたくないと思うのです。捨てる学年を作らずに毎年，勝負することで，チームの伝統が生まれてくるのです。今までに多くの子どもたちが，私の予想を大きく超えています。このように中学生の成長の素晴らしさを感じさせてくれることがあるからこそ，可能性がある限り，最後の最後まであきらめることはできません。

　また，バレーボールは，チームで戦うスポーツです。部員すべてが，なくてはならない存在です。レギュラーでなくても，チームの大きな力になることはたくさんあります。「ピンチサーバーで1点を取ること」「コートの外から大きな指示をだしたり，盛り上げるための声を出したりすること」「練習試合のデータをまとめること」「審判がしっかりできること」「いつでも笑顔でいられること」どこかに活躍できて，存在感を持てる場を作り出してやるチーム創りが大切だと考えています。

　バレーボールと出会って26年。いつも「バレーボールが大好き」な私だからこそ，バレーボールを好きになって，バレーボールからいろんなことを学んでいける子どもを育てていきたいと考えています。

(3)　ようやくかなった優勝

　今までの9年間で，私は県大会や西三河大会へ出場経験はありました。

第1章　夢をかなえる流儀を語る

しかし,「優勝杯」を手にしたことは,一度もなかったのです。
　夏休みの終わりに行われる新チーム最初の市内大会「サマーカップ」。夏休みの練習の成果を発揮する大会です。夏休みには,練習時間の約7割をレシーブ練習に費やし,「拾い負けない,粘れるチームに」というチームのスタイルを作ってきました。
　決勝戦の相手は,半年前,1年生大会で惨敗した相手でした。小学校バレーボール経験者がたくさんいるチームです。
　我がチームには,決勝戦だけに着ることができる伝統のオレンジのユニフォームがあります。それを着て望んだ決勝戦。何度となくこのユニフォームを着て臨んだ決勝戦。しかし,何度も打ち砕かれ,準優勝という結果に終わってしまいました。
　この日は,何かが違っていました。すべてがいい方向に,風が吹いていることを感じられる1日でした。卒業生や引退した3年生が,たくさん応援に来てくれました。
　3セット目,サーブが回ってきたのは,この夏,誰よりも走りこみをした生徒でした。それまでは,3本目になると必ずサーブミスをしていました。ここで,私がかけた言葉は,「サービスエースを狙え!」でした。そうすると何かが乗り移ったかのように3本,4本,5本とどんどんサービスエースを決め,点差を広げていきました。
　そして,エースのアタックが決まった瞬間,コートが歓喜の渦に飲み込まれました。卒業生,3年生と一緒にコートの中で抱き合って,涙を流しながら喜び合う生徒の顔を見ていると,今までの生徒たちの記憶が走馬灯のようによみがえってきました。この終了の笛で悔し涙を流してきたたくさんの生徒の顔が,笑顔で迎えてくれているかのように感じられました。
　優勝を祝してキャプテンと握手を交わしたときには,目頭が熱くなっていたのを覚えています。

バスケットボール

　中学校から始めた2年半の部活動で，小学校のミニバスケが盛んな地域の中学校に勝つことは，至難の業です。しかし，生徒たちの抱いた夢をかなえてやろうと懸命に努力をし続けている教師がいるのです。
　また，小学校の経験が多ければ多いほど，中学校の指導者にとっては，難しさもあります。ミニバスケの経験を上手く生かし，さらに技術を積み重ねていく指導力がないと，生徒や保護者の信頼を得ることができないのです。

【男子部】❶　残り4秒の奇跡のブザービート
鈴木直樹（豊田市教育委員会指導主事）1963生
・西三河大会優勝4回，準優勝1回，3位3回
・愛知県大会準優勝2回，3位1回
・東海大会出場1回

【女子部】❶　市内最小軍団の勝利
　―チームのモチベーションのアップと維持―
宮本伸一（豊田市立猿投中学校教諭）1967生
・市内大会優勝2回，準優勝2回
・西三河大会3位2回

【男子部】1 残り4秒の奇跡のブザービート

豊田市教育委員会指導主事　鈴木直樹

(1) 憧れのバスケット部顧問になって

　私がバスケット部顧問として指導できたのは，わずか10年です。母校である足助中に新任で赴任し，その後，他校を経験し，再度出戻ってきました。母校の生徒たちと経験した10回の夏の大会は，私にとって忘れることのない宝物です。自分の地元であり，保護者や後輩など地域の皆さんの後押しがあったからこそできたチームの軌跡です。

　自分自身は，バスケットプレーヤーとして決してうまい選手ではありませんでした。中2ぐらいの生徒なら，もう私の技術などはとうに追い越しています。中学時代も補欠。家が山の中にあったので，スクールバスで通学をしていました。そんな環境だったので，部活に十分参加することすらできませんでした。高校も1年半しかバスケットはできませんでした。もちろん補欠でしたので，あまり試合に出たという記憶もありません。でも，バスケットが大好きでした。いつの頃か，教師になって自分の好きなバスケットを教えたいという希望をもつようになっていました。自分が教えてもらえなかった分，子どもたちには優れた指導をしてやりたいと思っていたのです。

　初めて念願のバスケット部顧問として指導できたのは，教員3年目の24歳から6年間と（初めの2年は卓球部顧問），40歳からの4年間です。いずれも地区予選敗退という程度で，確実に勝てる学校は，近隣にもさほど見つからないという弱小チームからの出発でした。山間部の学校ということで，2度目に赴任したときは，学校規模も小さくなり，部員は学年で7〜8名の確保がやっとのほどでした。

そんなことから,「限られた生徒を中学校部活の中で育てる」というのが私のモットーになりました。「2年と4ヵ月で一流にする」「決してミニバスで一流だったわけではない子どもたちで,一流のチームに勝ちたい」そんな思いを子どもたちと共有し,練習に打ち込む日々が楽しくて仕方ありませんでした。部活づけかもしれないけれど,人としての基礎となる中学校時代に心も体も強い人間に育てることは,教師にとってやりがいのある仕事です。何より生徒にとって,厳しい社会を生き抜くためには必要なことなのです。

(2) 共有時間の多さが勝つチームを創る

　私は,部活の時間に生徒に勝手に練習をさせておくようなことは絶対にしません。生徒が練習する姿を必ず見届けるのが自分の信念なのです。よく,「自主的に練習ができるようでなければ,所詮は勝てない」とか,「管理されているうちは勝てるチームになれない」とか言う人がいます。しかし,それは,単なる顧問が手を抜く口実ではないでしょうか。さらに,朝練習であろうが,午後練習であろうが,休日練習であろうが,練習時間に遅れていくことも絶対にしたことはありません。練習開始から終了まで必ず生徒とともにコートにいるのです。体育館から離れるのは,休日練習の昼の休憩時間のみです。そのくらいしなければ,2年4ヵ月での飛躍的なレベルアップは到底できませんでした。

　私は,きわめて厳しいことを要求することが多くあります。だからこそ,すべてを共有する必要があるのです。力のある子は,陰でも努力しています。そんなところさえも,ふとした言動や表情,プレイの様子からも察してやれる顧問であり,コーチであり,師でありたいと思っているのです。指導する者が口先だけでなく,徹底的に子どもと共に時間を共有し信頼関係をつくることが,保護者からも絶対の信頼を勝ち得ることにつながるのです。

第1章　夢をかなえる流儀を語る

　校務や教務の仕事をもちながらの指導は大変でしたが，4年間のうちでも，インフルエンザにかかった1週間の休み以外は，部活指導を休んで，生徒だけの自主練習をさせたことは一度もありません。

⑶　生涯に残る，残り4秒の奇跡の逆転勝利（ブザービート）

　力のあるチームに限って，抽選では，必ず第1シードの相手を引いてしまうものです。そのジンクスにもれることなく，夏の地区予選会の監督会議で，私は，県新人大会で優勝している第1シードのチームと2回戦で対戦するくじをひいてしまったのです。

　我がチームは，平均身長160cm台，相手とは平均で10cm近くの差があるし，新人戦の実績も違いすぎていました。多くの人がくじ運に同情してくれました。私自身も正直，生徒たちに申し訳ない気持ちでした。

　しかし，それが今でもはっきりと思い出される，夢のような奇跡の4秒間のドラマにつながっていたのです。

　一度もリードすることなく食らいついて行った残り4秒で2点ビハインド。絶体絶命の窮地に立たされていました。マイケルジョーダンであっても，この状況からの逆転勝利は一生にそう何度も経験できないであろう場面です。会場の誰もが，相手の勝利を確信していたに違いありません。味方であるはずの親たちもあきらめの涙を見せながら，最後の声を振り絞っていました。

　しかし，不思議なことに，コートの中の選手もベンチの仲間も，残り時間が短くなってきても，負けるという気持ちは誰ももっていませんでした。なぜなら「僕たちには4秒あれば十分だ」「ワンゴール差で粘ってついていけば，僕たちのもんだ」と呪文のように言い続けてきたからです。今まで，何度も何度も「残り3秒間でシュートを打つ」という練習を繰り返してきたのです。その練習どおりのシュートを打つことは十分可能な時間が残されていたのです。

残り4秒，予測どおりシューティングガードのキャプテンが抑えられ，ポイントガードがパスを受けドライブイン。普通ならファウルをもらいながらシュートに行くところです。しかし，ここから，いつも繰り返した練習のとおりボールが回ったのでした。ポイントガードは，3点ラインの外でパスを待っているキャプテンにアシストパス。キャプテンは，キャッチすると同時にいつもより早いタイミングのリリースで，ブロックに来る相手選手の手を超えるやや大きめのアーチを描くシュートを放ちました。空中で終了を知らせるブザー。その後ボールは，リングにノータッチで吸い込まれていきました。すべての時間が止まった瞬間でした。逆転。ブザービートでした。倒れこむ相手選手たち。どよめく体育館。すべてが，3年間，毎日毎日1秒を大切にがんばってきた成果が実った瞬間でした。

　このチームには，身長こそ，チームの中で最も高い174㎝あるものの，生まれながらにして右手が不自由な選手も含まれていました。ドリブルやシュートはおろか，キャッチも左手でしかできないのです。その選手がフル出場して奇跡を起こしたのですから，顧問としては，これ以上の喜びはありません。

(4)　長い道のりの果てに

　ここにいたるまでの過程は，決して楽なものではありませんでした。初めて顧問となった1年目，前年度の顧問の指導した生徒たちの力を発揮させることができず，地区大会第2シードにもかかわらず1回戦負け。周りからは，「足助は終わったな」「もう怖くない」など酷評されました。私が顧問とも知らず，私のすぐ近くでその声を耳にしました。屈辱でした。それから，必死に生徒と共に練習しました。にもかかわらず翌年は，地区大会すら出られず，地区予選敗退でした。大会後，ひとりロッカーで泣きました。何時間泣いたかも覚えていないほど打ちのめされました。

第1章　夢をかなえる流儀を語る

何が足りなかったのか考えました。簡単には答えは見つかりませんでした。とにかく必死でこれ以上ないほどに取り組んだ結果が予選敗退でしたから，何かを変えなければ来年も同じ結果しか生まれないとさらに悩みました。

そして，たどり着いたのは，「すべての練習方法を変えること」でした。「同じ練習をしていたら同じ結果しか生まれない」子どものせいではないのです。すべては自分の指導法に問題があったと心から反省し，一から勉強しなおしました。一流の指導者はどんな練習をさせているのか。指導ビデオや書物を使って学びました。強豪や，プロや，一流の指導者の指導方法を徹底的に学ぶようにしたのです。そして，それを子どもたちに一から丁寧に教えていきました。

驚いたことに，効果はすぐに出てきたのです。見る見るうちに生徒は上達していったのでした。翌年は，ノーシードから地区大会ベスト４，残念ながら県大会出場決定戦である３位決定戦は敗れましたが，第４シードを勝ち取りました。それが，翌年の地区大会初優勝へとつながったのです。顧問となって４年目の夏でした。翌年も２連覇することができ，県大会準優勝，東海大会出場と少し夢がかなったと思える結果が得られたのです。一度強くなるといい流れができるもので，地区の上位は真面目に努力さえ怠らなければ，何とかなるというレベルになりました。

その後，小学校へ転勤を命じられました。後ろ髪をひかれる思いでしたが，仕方ありません。これが公立中学校の定めなのです。

たった10年でしたが，母校でバスケットの指導ができたことを幸せに感じています。私がそうであったように山奥からスクールバスで通う生徒のために，平日の練習は，長くは行えませんでした。限られた時間の中で，如何に生徒たちを心も技も一流選手に育てあげるかが，常に私の課題でした。その課題をクリアーできるようになった頃，私の部活動指導者としての夢のような時間は，もう無くなってしまいました。

【女子部】1 市内最小軍団の勝利
―チームのモチベーションのアップと維持―

豊田市立猿投中学校教諭　宮本伸一

(1) バスケットボールとの出会い

「バスケットをやると身長が伸びる」と，今考えれば何の根拠もない噂を信じて始めたバスケットボール。小学校時代はドッチボールの球さえ捕ることができませんでした。また，中学校入学当時は，身長が142cmと大変小柄で，どんなことにも自信がもてない自分がいました。ただ，体を動かすことだけは好きでした。

いざ入部しても，毎日ランニングや筋力トレーニングばかり。でも，やめたいと思ったことは一度もありませんでした。それは，憧れの先輩がいたからです。きびきびとした動き，ゲームでのかっこいいプレイ，どんなに厳しい練習でも淡々とこなすだけでなく，後輩への優しい言葉かけをさりげなくする……。試合に勝つことよりも，「あの先輩のようになりたい」という目標があったから続けられたのだと思っています。

そして教員になり，部活動の顧問はバスケットボールから外れたことは一度もありませんでした。これも何かの運命だと感じています。

(2) 環境づくりで選手の心を変える

指導者となっても思うようにいかず，強豪チームの監督の練習方法をたくさん取り入れてきました。それでも，納得のいく結果はなかなか残せませんでした。何がいけないのか悩み，中学生のときの恩師に話を聞きに行きました。先生は赴任してからのたった3ヵ月余りで，弱小チームを市内優勝に導いた方でした。先生がまず行われたのが「環境づくり」でした。自ら荒れたコートを整備し，必要な道具を整える。なけれ

ば自分で作ってまでも用意されていました。

　この話を聞いて，自分に足りないことが分かりました。それ以来，私は，ボール磨きやコート整備などを自分からやるようにしました。最初は，生徒も「ラッキー」と言わんばかりの様子でしたが，コートの雑巾がけはすぐに生徒にも広まりました。そうしているうちに，練習道具も使いやすい場所に置くなど工夫するようになってきました。自分たちが考えて準備をすることで，道具や時間を大切にするようになってきました。これによって，それまで行っていた練習メニューも短時間でやり切ることができるようになり，運動量も格段に増加しました。「充実した部活動の時間」が確保されたのです。翌日の練習が待ち遠しかったのを覚えています。

(3)　私が心がけていること

　環境づくりに取り組んできたことで，生徒のやる気は加速しました。そして，チームのさらなる向上を求めて，次なるステップに進みました。

①　練習メニューの工夫

　有名指導者の練習メニューもたくさん参考にさせていただきました。
　私は，それらに必ずアレンジを加え，私自身のイメージ（＝生徒が生き生きと活動する様子）が明確になってから教えるように努めました。部員数も次第に増えていったため，全員が常に動き続けられることを意識しました。特に効果があったメニューは，他チームにもどんどん紹介しました。それは，同じ練習メニューでも，真剣に努力したチームの方が強くなり，地区の代表になるのにはふさわしいと思っていたからです。当然，自分のチームのやる気に火をつけるねらいもありました。
　さらに，メニューの順番やリズムの取り方も日替わりで行いました。苦痛を伴うフットワークを練習の最初にもってくるため，後半のチーム練習のころにはバテているといったことはよくあります。また，マンネ

リ化によるモチベーションの低下も否めません。そこで，本数を変えたり，時間制にしたり，連続・ノーミスパターンにしたり……。個人やペア，チームで競わせたりと工夫を加えました。

中でも効果があったのは時間制です。一定時間内だと，こちらがあらかじめ考えていた全てのメニューに，取り組むことができるからです。ただその場合は，前日の本数と必ず競わせるようにしました。

② 宣伝部長になる

生徒の頑張りを褒め続けるには，私一人では限界があります。そこで，多くの先生方に宣伝することを心がけました。学級担任，教科担任，集会などの司会を務める学年主任や教務主任，さらには，直接，校長先生にまで。学校生活の様々な場面で，なるべく多くバスケット部の生徒に声をかけてもらったり，他の生徒へよいことを紹介してもらったりすることがねらいです。

ある大会のとき，ユニフォームがもらえず，コートに立てない選手たちが，会場のトイレのスリッパの整頓をはじめ，控室やコートの片付けなど様々な活動を積極的に行っていました。もちろんゲームでは，選手が全力を出し切れるようにサポートしていましたが，戦いの場所を変えて一生懸命取り組んでいました。

翌日，会場校の校長先生から連絡が入りました。「コート上でも，コート外でも爽やかな生徒の動きに感激しました」と。

この話を聞いた部員たちは，自分の責任を自覚し，プライドをもって，さらに練習にも真剣に取り組むようになりました。

(4) 選手の努力が実を結ぶ

春夏市内連覇がかかっていた大会当日，キャプテンが病院で点滴を打つほどの熱を出してしまいました。対戦相手は，練習試合で互角の勝負をしていたチーム。こちらは市内でも最も身長が低く，ましてや頼みと

なるキャプテンが不在では勝ち目はありません。さらに，「今回はあのチームもここまでだな」とささやかれてしまっては，天変地異が起きなければ結果は見えていると思っていました。しかし……。

　そう思っていたのは，どうも監督である私だけのようでした。自分たちの評判，プライド，様々な努力から得た自信，そして，心の強さなどがあったのでしょう。「キャプテンが戻ってくる明日の試合につなげるぞ！」と，不安な顔どころか，誰もがやる気に満ち溢れていました。

　試合開始から，猛攻撃が炸裂。相手チームの監督もこれには度肝を抜かれたようです。相手チームの選手は焦る一方。身長で負けていても，リバウンドはことごとく我がチームの選手のもとにきます。際どいプレーも全て良い方に転がります。幾度となく逆転されそうな局面を迎えましたが，選手に焦りの気持ちは全くありませんでした。それよりもこれまでに見たことのないナイスプレイの数々。

　チーム内にミスが出ても，誰も仲間を責めません。それまでなら，一瞬，集中力が切れてしまっていた展開も，「俺が取り返す」と積極的なプレーが続きました。また，ベンチからの今までに聞いたことのない迫力の応援。チームが一体となった戦いと選手の生き生きとした姿に，会場の多くの方々が応援してくれていました。

　結果は見事勝利。翌日の試合につなげることができました。

　翌日，前日の興奮も覚めやらぬまま，キャプテンがチームに合流したことで雰囲気は最高潮に達していました。下馬評を覆して前回の大会で優勝をしたチームが，さらに凄味を増したように感じました。

　「俺が来たから大丈夫」と言わんばかりのキャプテン。「あいつが加われば負ける気がしない」と意気込むメンバー。そこには，相手チームを攻略するための手の込んだ作戦は必要ありませんでした。

　大会後，対戦チームの監督の先生から，「一人ひとりの身長や能力はたいしたことない。誰にやられたかと聞かれても，これといった印象が

ない。でも，完全にチーム全員のモチベーションは負けていた……」と話されたとき，熱く込み上げてくるものがありました。

　翌日，会場校の先生からこんな電話もいただきました。

　「大会の結果もさることながら，選手以外の取組や行動が気持ちいい。バスケットボールの上手な生徒はたくさんいるが，コートを外れても人間として大事にしなければならないことをちゃんとやれている。それが一部の生徒だけじゃなく，全員ができるというのがすばらしい。こういうことのできるチームが優勝するにふさわしいチームなんだね。」

　「自分たちのしてきたことが良い評判となり，それが次へのエネルギーになる。それを繰り返してきたことで，自信とプライドが生まれ，チームは加速して強くなる」まさに，選手の心の強さに感心させられた瞬間であり，選手の努力が実を結んだ瞬間でもありました。

(5) 教え子は私の宝

　現役当時は，辛い練習や心が折れそうな逆境に耐えてきた3年生が，「バスケやってないと生活のリズムが崩れちゃうから……」と引退をしても頻繁に部活動に顔を出してくれます。また，「うちの高校，今テスト期間中だから……」とか，「今度自分たちのチームが大会に出るから，一緒に練習させて……」と時間を見つけてバスケットをやりに来る高校生や社会人になったOBたちもいます。理由はどうであれ，一緒に苦楽を共にしてきた者として，本当に嬉しいことです。

　バスケットボールを通しての私の指導は，彼らの一生から考えればほんの些細なものです。ましてや，人生を大きく左右するほどのものでもありません。しかし，このときにつけた自信やプライドが「いざ」というときに役に立ってくれれば幸いだと思っています。

　これまで一緒にバスケットをやってきた全ての教え子が，それぞれの人生で活躍してくれることを心から願っています。

第1章　夢をかなえる流儀を語る

ソフトテニス

　団体戦だけではなく個人戦もあるため、すべての部員に活躍の場が与えられやすい部活動です。ただ、ダブルスなので、前衛と後衛のペアーの作り方や団体戦での選手の起用方法によって勝敗が左右されます。男子にとっては、マイナーなスポーツなので、運動能力の高い生徒を野球部やサッカー部からいかに引き入れるかが重要な部分でもあります。
　勝つためには、1セットが4ポイント制なので、技術はもちろん精神的な強さと冷静な判断力が要求されます。

【男子部】❶　ゼロトレランス
吉田裕哉（豊田市立逢妻中学校教諭）1974生
・西三河大会優勝5回
・愛知県大会優勝3回、3位7回
・東海大会3位2回
・全国大会出場1回

【男子部】❷　とみイズム「ワッショイ」
富安洋介（豊田市立美里中学校教諭）1979生
・西三河大会優勝1回、準優勝1回、3位3回
・愛知県大会3位2回
・東海大会出場2回

【男子部】1 ゼロトレランス

豊田市立逢妻中学校教諭　吉田裕哉

(1) 太く貫く

　私がはじめて顧問になったのは美里中学校の男子部，新任の26歳の時でした。顧問は私一人で，教えてくれる人は誰もいなく「何がなんだかわからない」というのが正直な気持ちでした。私自身テニスは中学時代に経験がある程度で，生徒の方がはるかにうまいというのが現状でした。もともと強いチームでしたので「頑張らなければ……，絶対に弱くしてはダメだ」という思いだけで，我武者羅に練習をやらせていました。

　雨の日は合羽を着せて練習させ，夜は私の車のヘッドライトで練習させていました。雨だろうが晴れだろうが関係ありません。当時は，ただ時間確保だけが，私の唯一の指導法でした。朝の練習時間に遅れようものなら，許されるはずがありません。練習時間が短くなった生徒には，徹底的に厳しい練習を課し，時間の埋め合わせをさせていました。

　ですから，当然，自分が遅刻するわけにはいきません。仕事や飲み会などで就寝が3時近くになる時は，真っ暗な学校のコートに行き，生徒が登校するまで寝袋で寝て待ちました。年末は31日の昼まで，年始は2日の朝からやりました。

　「ローボレー」という技術があるのですが，それをとれない生徒には1日で1万本とらせたこともあります。1万本球出しをした私の腕は，動かなくなってしまうほどでした。学校生活でも，脚力をつける為，かかとを上げて毎日を過ごさせたこともあります。

　体の柔軟性がなく，短いボールがとれない傾向にあるチームの時には，1日2回の15分放課に，テニス部員を全員体育館に集め，柔軟を1年間

第1章　夢をかなえる流儀を語る

させました。

　こんな指導でしたので，もちろん，保護者からのバッシングはすさまじく，携帯へ電話が入ったり，直接コートへ怒鳴り込んでくる保護者もありました。しかし，私は，一度も逃げたり，誤魔化したりすることはありませんでした。そのたびごとに，保護者の話に耳を傾け，自分の考えもしっかりと伝え，話し合いを続けました。時には，反省し，頭をさげることもありました。何より，自分の指導方法もそうですが，保護者を納得させられないことに，一番反省をしました。

　指導技術も勉強しました。大会で，しっかりとしたチームを見つけると，「何も知らないけど，頑張りたいので教えてください」と初対面の監督であろうが，お願いをしました。祖父江中学校の岩田先生もその一人です。毎年，全国大会へ生徒を導いている岩田先生のところへは通い続けました。その図々しさが功を奏したのか，その4年後には，県の選抜チームのスタッフの一員として，さらにレベルの高い指導に触れることができました。その世界はまさに，毎日が驚きと感心の日々でした。

　そこで私はやっと，我武者羅な情熱だけでは，保護者を納得させることはできないことに気づかせてもらったのです。

(2)　**ゼロトレランス**

　「ゼロトレランス」とは日本語に訳すと「寛容なし」です。要は「やらせきる」ということです。できるまでやらせ，完璧にできるようにし，一つの技術に自信を持たせるのです。

　Mは運動神経が良いわけではなく，身長も低いほうでした。ボレーもレシーブも下手でした。しかし，スマッシュにだけはセンスを感じました。私は，彼にスマッシュばかりを徹底的に練習させました。どんなボールが来ても，スマッシュで決められるように，そのスマッシュだけを磨きに磨いていったのです。ボレーやレシーブで勝負することなどは，

111

許しませんでした。まさに，スマッシュだけのゼロトレランスです。

そして，Fは夏の大会で，東海大会でも活躍するまでの前衛プレーヤーになったのです。スマッシュだけで他の一流選手と対等に戦ったのです。彼は自信満々でコートに立っていました。

「ひとつのことができるようになる」ということは，ものすごい力を生み，それが様々なことに波及していくのです。しかもそれは，レギュラーだけに限ったことではありません。

私は，3年生が引退するとき「3年間で一番頑張ったことは何だ？」と必ず聞くようにしています。すると「コート整備です」とか「仲間の応援です」と答えてくれる仲間が毎年多くいるのです。これぞ「部活動」だと思います。自分のためでなく，仲間のために尽くした素晴らしい3年間だったと思います。「一生自分の心に宿る中学時代の部活動」は，妥協せずにやらせきる事で，子どもたちの中に残ってゆくものだと信じています。

(3) チームを大事にしたからこそあったキャプテンの飛躍

Aという1年生の不登校気味の男子生徒がテニス部にいました。技術的にも決して高いとは言えず，なんとか日々の練習をこなすのが精いっぱいの生徒でした。やがて学校にも足が向かなくなり，休みがちになっていきました。何とか朝の練習だけには参加し，みんなが授業に行く姿を8時に見送り，教室へは行かず，そのまま家に帰る日もありました。

私は何とか部活だけでもいいから，学校，友人との関係を切りたくないと考えていました。だから，無理に教室には入るように薦めたりはしませんでした。その分，私は家庭訪問をしたり，電話をしたり，時には部員全員を連れて家まで迎えにいったりもしました。しかし，なかなか，Aの様子は，そう大きくは変わりませんでした。

ある日，私は当時キャプテンの上野蘭都を呼び，厳しく叱りました。

蘭都を中心に皆がAに無関心になっていたからです。すると翌日の帰りの会中に，蘭都の母親が泣きながら教室に乱入してきました。「先生！どうして蘭都が悪いの？　ねえ，どうして？」と訴えてきました。私は場所を移して話し合いました。「蘭都が悪いの？」という母親に「蘭都が悪いです」と言い切りました。「キャプテンはそれだけ責任が重く，常にチーム全体を見て行動しなければいけないし，後輩の心情や立場も理解して接しなければいけない」そして，「キャプテンとして，チームの中心選手としてどう動けばいいのか深く考えさせたかったのです」と伝えると，母親は納得してくれました。「ありがとうございました。私もがんばります」とまで言ってくれました。

　その一件以来，蘭都は変わってきました。やがて，来る日も来る日も，キャプテンの蘭都を中心に，チームの仲間たちは，何とかAを支えようと，真剣に考えるようになってきました。仲間の苦しみは，みなの苦しみと感じているようでした。たったひとりの後輩のために，悩みながらの練習の日々でした。この経験を通して，キャプテンが，一皮向けて，精悍な顔立ちになってきた夏の大会の前です。そこには，ただの監督の言いなりになって動いていた自主性のない操り人形から，自分で考え，判断し行動できる自立したキャプテンの存在感がありました。

　今でも忘れられない出来事があります。「先生，明日の朝は，Aは必ず練習に来ますよ。先生，見ていてくださいよ」と夜遅くにキャプテンからの電話がありました。翌日，私は，まだ薄暗い中，職員室で待っていました。職員室から少し離れたテニスコートに，次々と部員たちが集ってきます。あたりが明るくなるにしたがって，しだいに輪ができていきました。テニスコートの真ん中できれいに丸くなって座って，まるで恋人を待っているようでした。

　練習開始の10分前，キャプテンと一緒にAの姿が見えると，みな立ち上がり輪の中心へ2人を招き入れたのです。その姿を，誰もいない職員

室から一人，ずっと見つめながら私は，涙が止め処もなく流れ落ちるのを感じていました。チームが私の手から離れ，真剣に考え，心から悩み，自分たちで行動できるようになった瞬間でした。

　新人戦では地区大会で3位にも入れず，県大会の1回戦で負け，その後の冬場は，どの大会に出ても，2回戦や3回戦で負けていたチームが，最後の夏の大会では，団体戦で地区大会優勝，愛知県大会優勝。夢の全国へは届きませんでしたが，東海大会でもベスト8の成績を残すことができました。そして翌年には，その意思を受け継いだチームが，愛知県大会優勝を経て，夢の全国出場を果たすのです。

(4)　がっちりと噛み合ったトライアングル

　県大会の上位になってくると，どの子もたいていは小学校からやっているジュニアの子ばかりです。そのなかで私のチームは，中学校ではじめてラケットを握る子ばかりでした。そんな子たちが，たった2年半で県大会や東海大会を勝ちあがっていく姿には，私自身驚かされます。

　成功体験は，生徒たちを大きく成長させます。そして，その体験は人生の柱となり，一生涯，その生徒を支え続けるのです。

　大切なのは保護者といかに深く関わっていたかということでした。お母さんたちとは，よく話をしていました。お父さんたちとは，よく飲み会をしました。そこから，子どもたちの家での様子や親の教育論など，私自身大変勉強になることばかりでした。また，私も私の考えをはっきりと伝えました。特に「家で甘やかさないでほしい」ということだけは，口をすっぱくして言い続けました。

　生徒と保護者と監督，このトライアングルががっちりと組み合っている時は，すべての壁は乗り越えられるのです。三者がみな，同じ方向を向き，同じ目標に向かってそれぞれが努力した結果，夢はかなうと信じています。

【男子部】2 とみイズム「ワッショイ」

豊田市立美里中学校教諭　富安洋介

(1) 中学校の部活動で受けた衝撃

「美里中学校のテニス部は厳しい」。美里中学校に勤務する以前，私は美里中学区の小学校に勤務していました。よく，小学校を卒業した生徒や保護者から先のような話を聞いていました。そんな話を聞くたびに，自分自身，今の中学校の部活動がどんなものかと興味をもつようになってきました。

そんな折，幸運か不幸なのか，美里中学校への異動が決まったのです。

希望通り，ソフトテニス部の副顧問となりました。美里のテニス部の第一印象を一言で言えば，まさに「軍隊」です。自分が今まで見たことのない世界が，そこにはありました。

「これが公立中学校の部活動か。自分が経験したものとは全く違う」と衝撃を受けました。ただ，そこには規律があり，礼儀がありました。私は，生徒たちがひたむきにテニスに打ち込んでいる姿に心を打たれました。主顧問には厳しさがあり，指導を徹底させ，生徒にやらせきることのできる指導力がありました。まさにカリスマ性なるものがありました。

このカリスマ指導者との1年間は，これまでの自分の考えを打ち崩す，衝撃的な出来事の連続でした。しかし，一貫して「生徒のためになることは妥協しない」という姿が，そこにありました。結果，その年は個人戦で全国大会出場を決めました。カリスマ指導者の動きが，保護者，コーチ，地域，学校の全てを同じ方向に向けさせ，全ての力を終結させた成果だったと私は思っています。

(2) 生徒と一緒にワッショイ

　「顧問が変わる」これは大きな出来事です。美里中学校に来て2年目に，私は主顧問となりました。カリスマ指導者の後を継ぎ，カリスマ教師を目指しました。同じ指導をすれば同じ結果になると，安易に考えていたからです。チームとしての土台をしっかりと作ってくださっていたので，比較的スムーズにバトンタッチすることはできたのですが，どうもしっくりきませんでした。日に日に，違和感とストレスが増える日々でした。そのことを同じ職場の尊敬する先輩に相談してみました。すると「同じやり方をしていたらいかん。とみちゃんイズムをつくらなければならない」と厳しくアドバイスをしてくださいました。

　「果たして私に何ができるか」その日から毎日考え，悩みました。そして，行きついたのは，「自分の責任で生徒をみきること」と「喜怒哀楽を共有すること」の2点でした。この2点を行うことは，人間「富安洋介」をさらし出し，生徒と本気で向き合うことであると覚悟しました。ですから，嘘をついたり，ごまかしたりすることはできません。生徒まかせ，他の指導者まかせの練習をさせないことを心に決めました。そして，生徒が一生懸命やる姿に寄り添い，一緒に声を出し続けるのです。生徒が試合で戦っている際には，私も汗を振り飛ばし，声をからしながら一緒に戦いました。

　これが，とみイズム「ワッショイ」です。

(3) 市内大会初戦敗退からのスタート

　カリスマ指導者が去った後の2年は，東海大会まで勝ち進むことができました。3年後，カリスマ指導者を全く知らない生徒たちの代がやってきました。まさに私にとって，勝負の年です。

　そして臨んだ新人戦。結果はなんと初戦敗退。初めてのことで呆然となり，目の前が真っ暗になりました。「もうこの学校にいられない」と転勤することを真剣に考えたほどでした。

　悩んだあげく「次の代にかけよう」と，一足早く1年生主体のチームを作り始めようという考えもよぎりました。しかし，一瞬たりともそんなことを考えたこと自体，私は教師として失格でした。この初戦で敗退した生徒たちも「夢は全国」に憧れ，全国大会を目指してテニス部に入部しきたからです。そして，それを信じて日々の練習に打ち込んできたのです。勝てなかったのは，勝たせる指導ができなかった私の責任なのです。それは生徒のせいではないのです。

① 練習メニューを変えた

　何か特出したものを作らなくてはならないと感じました。そこで焦点を当てたのは「サーブ力の向上」です。私は硬式テニスの経験がありました。その視点からソフトテニスを見た時に，サーブ力の無さに気づいたのです。

　硬式では，サーブを2本上から打ち込んで攻めます。「サーブが有利」で「トスではサーブ権を取る」というのが常識であったのに対し，ソフトテニスでは「レシーブが有利」で，「トスではレシーブを取る」という生徒が多いのです。そこで，「トスでサーブ権を取るチーム作り」を行いました。

　サーブに重点を置き，意識を変えさせて練習に取り組みました。まずはサーブのフォームの改造，イメージ作りからです。ソフトテニスの常

識にとらわれず，硬式テニスのサーブの打ち方を紹介し，映像を見せてフォームを作るところからスタートしました。鏡の前でサーブのフォームを確認したり，ビデオに撮って確認したりしました。そこから実際のサーブ練習です。バケツを狙ってサーブを打ちました。この際も，ただ的を平面的に捉えて狙わせるのではなく，3次元で捉えさせました。どのような球の強さでネットの何cm上を通す軌道で的に当てるかをイメージさせました。

② 応援を変えた

選手はもちろん，保護者，コーチ，そして教師もチームの一員です。私の方針も「生徒と一緒にワッショイ」です。「生徒も保護者もコーチもみんなで戦いたい」「苦しい，難しい顔をした生徒を励ましたい」そんな思いで，「ワッショイ」を連呼する応援を取り入れました。これにより，チーム全体で戦っている意識が生まれ，試合での勢いが変わってきました。

③ 保護者を変えた。保護者が変わった

なかなか結果が出なかった分，指導法をめぐって保護者とも何度か話し合いをしました。そんな中，地域で迷惑をかけた生徒がいました。練習の帰りだったこともあり，私が指導をしました。生徒は自分で坊主にして反省することを決めました。その頃の私は，「いくら生徒自身が決めたこととはいえ，坊主はやりすぎでは」と思っていました。しかし，翌日，生徒は坊主にしてきました。そして，保護者から手紙が来ました。「やはり来たか」と心して読んでみると，内容は予想と反したものでした。

富安先生へ

…略…"ボウズ"なんて，軽すぎです。
親としての教育が足りないと感じました。
これから先生からもっと厳しくしてほしいです。　　平泉秀樹

保護者と話し込み信頼を得られた成果だと思いました。この手紙は私に勇気をくれました。「逃げてはいけない。生徒のためになることを考えて真剣にぶつかっていきたい」と心に決めた瞬間でした。その手紙は，今でも私の宝物として大切にもっています。そして，時おり読み返しています。

変革をしたこの予選敗退チームは，最後の夏の大会で，市内大会を３位で通過し，惜しくも県大会を逃したものの，西三河大会３位という結果を残すことができました。この代から「とみイズム」が，生徒だけではなく保護者や地域へも浸透していったのです。

(4) 私の家族

　私は未だ「夢は全国」を実現させられていません。しかし，中学校でその夢を実現できなかった生徒が，進学先の高校でインターハイ出場を果たしています。私は，夢の途中で，挫折することなく夢を捕まえてくれた教え子たちを誇りに思います。

　他にも，後輩の指導に顔を出してくれる生徒もたくさんいます。高校を中退してしまっても「今，ここで働いています」と現状を伝えに来る卒業生もいます。このことは，指導者として，この上のない喜びです。

　テニスの楽しさを感じた私の家族が，様々な仲間を連れてテニスコートに集まり，一生涯テニスを続けてくれたらと思っています。

ハンドボール

まさに格闘技です。一度試合を見たら，誰もが，ハンドボールの魅力に引き込まれてしまいます。チーム数は少ないですが，愛知県のレベルは，男女とも全国のトップレベルです。指導者の力量が勝敗を大きく左右するスポーツです。

【男子部】❶ 人間を磨く
杉浦俊孝（豊田市教育委員会指導主事）1960生
- 西三河大会優勝8回
- 愛知県大会ベスト8・12回，3位1回

【男子部】❷ 生徒が僕のライバル
佐伯祐司（愛知教育大学附属養護学校教諭）1973生
- 市内大会優勝
- 西三河大会準優勝1回

【女子部】❶ 単純で単調な練習の繰り返し
纐纈　充（名古屋市立東港中学校教諭）
- 全国大会出場2回
- 東海大会優勝1回
- 愛知県大会優勝2回

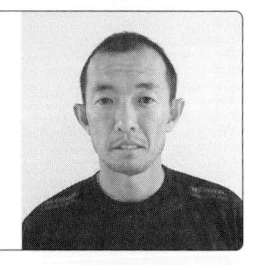

【女子部】❷ ハンド王国という環境
中谷秀将（名古屋市立滝ノ水中学校教諭）
- 全国大会3位1回
- 全国大会出場3回
- 東海大会優勝1回，3位1回
- 愛知県大会優勝1回，準優勝1回

第1章　夢をかなえる流儀を語る

【男子部】
1　人間を磨く

豊田市教育委員会指導主事　杉浦俊孝

(1) 人間を磨く

　「部活動の目的は？」と問われると，私は，いや私が指導してきた生徒たちは，「心を磨くこと」「人間を磨くこと」と答えます。確かに大会に勝つことも大切ですが，「勝つ」という目標に向かって互いに切磋琢磨し合う中で，たくましい心，強い精神，爽やかな挨拶，気持ちのよい礼儀，やさしさや思いやり，溌剌とした態度等を身につけ，立派な人間へと成長することを一番の目的として掲げてきました。

　顧問3年目に初めて県大会に出場した時に，目を引いたのは，他チームの強さより，マナーがよく，爽やかにきびきびと行動する選手の姿でした。そのとき漠然とチームの強さは，心や態度のよさに比例すると感じたのが，その後の私の指導方針の礎となったのです。

　「人間を磨く」「心を磨く」そして，もう一つのモットー（これは元豊田北高等学校ハンドボール部顧問の河合先生の言葉をいただいたのですが）は，「優秀な選手である前に立派な中学生であれ」です。生徒の本分は部活動ではありません。中学生としてまじめに学校生活に取り組み，立派に成長して義務教育を終えることです。そう考えると，中学生の本分がしっかりしていない生徒が，いくら部活動をがんばっても認められないでしょうし，大会でいい結果を残しても祝福されることはないでしょう。立派な中学生として，部活動だけでなく，学級や学年の場でも一生懸命がんばり，集団のために貢献できる……。そういう生徒こそ，誰からも愛され，信頼される人間になれると思うのです。そんな生徒に成長してほしいと願い，これらをモットーとして指導してきました。

121

生徒たちも同じ目標に向かってがんばってくれたおかげで，すべての勤務校で「さすがハンドボール部」という評価をいただいてきました。学年6学級中5学級の級長がハンドボール部員，部員17人のうち12人が学級企画委員として学級や学年に貢献した年もありました。どの部員も，学級や学年で，授業や当番活動，行事で一生懸命取り組む姿を見せてくれました。一生懸命な姿は人を感動させます。多くの生徒たちの一生懸命な姿に感動を味わわせてもらい，生徒たちにただただ感謝です。

(2)　苦しい時こそ人間性が表れる

　もう一つ指導してきて感じたことが，苦しい試合で力を発揮できるのは，普段から自分の生活をきちんと制御し，練習だけでなく日常生活でもまじめに過ごし，ひたむきに努力できる生徒だということです。換言すれば，普段の姿が大事な場面に出るのです。能力が高くても生活態度に甘さやいい加減さが見られる生徒には，大事な局面で裏切られます。
　苦い思い出があります。最後の夏が近づき，暑さが増し，練習内容もハードで苦しい状況に追い込まれると，生徒たちの本性が出てきます。チームのエースとして活躍していたA君は，運動能力は高いのですが，生徒指導面で少しだけ心配がある生徒でした。それでもハンドボールが大好きで，練習にはまじめに取り組んでいました。しかし夏が近づくにつれ，時折イラついたりふてくされたりと，マイナス感情を表情や態度に表すようになりました。そういう心配な面を抱えながらもチームは順調に仕上がり，県大会まで駒を進めました。2回戦。勝てば初のベスト4入りという試合は一進一退の好ゲームでした。残り時間も僅かとなり，1点リードされたところでA君がシュート。しかし枠を捉えることができません。その瞬間，チームメイトは相手の速攻に備えて戻るのですが，A君はがっかりした表情で悔しがっていて戻りが遅れ，守備に穴が開き，相手チームに決定的な2点差となるシュートを決められたのです。

時間にして1～2秒でしょうか。心配していたわずかな心の隙が，大事な局面で出てしまったのです。人間の本性は，苦しい時，辛い時に出ます。その本性がよい面なのか，悪い面なのかは，普段の生活態度から想像できます。部活は一生懸命でも授業態度はいい加減，勉強はがんばるが掃除や給食当番はサボる，顧問の前ではいい顔を見せるが他の先生の前では横柄，学校では大人しいが親にはわがまま……。そういう二面性のある生徒は，やはり心配です。子どもはいろいろな顔をもつと言われますが，どんな場面でも，どんな人に対しても，常に誠実で一生懸命で，中学生らしい溌剌さがあって……。大変難しいことですが，そういう理想を掲げて生徒とともに追いかける顧問でありたいと思います。

(3) プレッシャーに打ち勝つ

　大事な試合での重要な局面では，プレーヤーには相当な重圧がかかります。いい意味で緊張を味方につけ，ゲームにのめりこんでいれば感じることもないかもしれませんが，自分のプレーヤーとしての経験からも，そういう場面ではなかなか平常心を保つことは難しいものです。
　そういう重圧をはねのけるには，自信をもつことが必要です。その自信は，練習や経験を積み重ねることでしか身につけることができません。しかし，豊田市では部活動禁止の日が多く，部活動が許可されているのは年間で200日にも届きません。つまり，練習量や経験値は，他地区と比較して圧倒的に少ないのです。その穴を埋めるのは，質の高い練習です。常にゲームを想定して，考えながら練習することを，徹底してきました。自分も練習については，かなり厳しい態度で臨みました。顧問の厳しい目というプレッシャーごときに負けない強さをもたなければ，大事な局面でかかるプレッシャーに打ち勝つことはできないと説いてきました。「最後の夏の大会でのトーナメント戦。1点ビハインド，残り時間30秒でマイボールになった。シュートを決めれば延長戦，決められな

ければ敗退，その瞬間引退。そこでシュートを打ちにいく強さがあるか。GKと1対1になって，ビビらずにシュートを決められるか。プレッシャーが相当なものだというのは想像できるはず。そのプレッシャーと，顧問に叱られるんじゃないかというプレッシャーとでは，どちらがきついか考えなさい」と話せば，生徒たちも厳しさに納得します。

　楽しさを求めるサークル活動のような雰囲気や，馴れ合いや緊張感のない雰囲気では，決して重圧に勝てる選手やチームには成長できません。コートでは常に張り詰めた緊張感と厳しさのある雰囲気を大切にしました。そのかわり，休憩時間や練習以外では，生徒たちとじゃれ合ったり，とりとめもない話で盛り上がったりして，積極的に楽しい雰囲気を作ってきました。ただ，練習中に生徒を褒めないということではありません。ナイスプレーや一生懸命取り組む姿勢は大いに褒めています。

　最後の夏の大会が近づいてくると，少し雰囲気を変える努力をします。生徒を集め，思い切り叱り，辛い思いをさせてきた生徒たちに素直に頭を下げます。そして，2年半それに耐えてきたがんばりを心から称えます。厳しく接してきたのは，あくまで強いチームにしたい，強い精神力とたくましい心を育み，人間を磨きたいという願いがあったからだということを改めて確認し，頭を下げるのです。そして，最後の夏は，生徒一人ひとりが光り輝き，ヒーローになれる時なのですから，最後は自分の気持ちや精神を重圧から開放してのびのび取り組むように話します。今までがんばってきた自分のためにハンドボールを大いに楽しんでほしい，共にがんばってきた仲間のために最高のプレーをしてほしい，これまで支えてくれた家族や後輩にかっこいい姿を見せてほしいと伝えます。最後の夏を最高の思い出にしてほしいという願いを込めて。

(4) まさに努力の賜物

　私が最も印象に残っているチームは，努力の積み重ねで大きな成果を

残したチームです。決して能力的に恵まれたチームではなく，新チームの市内大会3位，西三大会2回戦敗退という結果で，久しぶりに県大会を逃したチームでしたが，最後の夏は西三大会優勝，県大会ベスト8まで登りつめることができました。それは彼らの人間性のおかげです。

　彼らは，本当にまじめに練習に取り組みました。毎日のフットワークや長距離走でも，手を抜きませんでした。クイックスタートという戦術が中学ハンドボール界に広がり始めた頃でした。得点を取るにはクイックスタートからの速攻しかないと考えて取り入れました。普通に攻撃したのでは点が取れないのだから，走るしかないと考えたのです。ですから毎日走る練習が多く，相当きつかったと思います。彼らは一生懸命努力し，クイックスタートからの速攻で点が取れるようになりました。それでも，市内，西三と，高いセンスと技術をもった選手のいるチームの中では，思うような結果を残すのは難しいだろうと考えていました。

　しかし市内大会は接戦の末，優勝。西三大会も準決勝，決勝と，スター選手がいる強豪チームとの接戦をものにして見事優勝を果たしました。勝因は「走り勝ち」です。ひたむきに練習に取り組んできた彼らは，うだるような暑さの中でも足を止めることなく走り続けました。相手チームには後半の勝負どころで，息を切らして両膝に手をつく姿が見られました。明らかにバテてきたのです。そこで「勝負あり」でした。

　上の学年が，全国上位のチームと大接戦を演じるような強いチームだっただけに，また他地区にいい選手のいるチームが多かっただけに，新チームになった時どうやってチームを作ろうかと頭を抱えたのを思い出します。しかし，彼らは私の想像をはるかに超える，まじめな人間性と努力の才能を持ち合わせていました。だから，すばらしいチームに成長できたのです。まさに努力の賜物です。最後の夏でそれが証明されたのです。こういうチームこそ，指導者としての醍醐味を味わわせてくれます。彼らのまじめな人間性に感謝です。

【男子部】
2 生徒が僕のライバル

愛知教育大学附属養護学校教諭　佐伯裕司

(1) ハンドボールというスポーツ

　私は，小学校で剣道，中学校でバレーボール，高校・大学でサッカーをやっていました。そして，高校で講師を務めたときはバスケットボール部顧問を任され，さらに，中学教師としての1年目は野球部の顧問となりました。様々なスポーツを様々な形で経験してきました。

　私は，スポーツには，それぞれの特性があり，違ったおもしろさ，違った楽しみ方があることを学びました。私はスポーツの一番の魅力は，一度対戦が始まってしまえば，年齢，性別，体格などは一切関係なく，ルールの中でさえあれば，力を思いっきり相手にぶつけて勝負することができるところにあると感じています。

　私は，たくさんのスポーツに出会った後に，ハンドボール部の顧問にたどりつきました。ハンドボールは，走る・跳ぶ・投げるという三つの要素を持った，スポーツの中で最もおもしろいスポーツだと感じています。相手との駆け引き，体と体のぶつかり合いなど人間の野生的な能力を最大限に発揮することのできるスポーツであると考えます。一度ハンドボールに触れたものは，その魅力に取りつかれると言われる所以がそこにあります。メジャーなスポーツではありませんが，ハンドボールの周りには，この魅力に惹かれ，たくさんの人が集まってくるのです。

(2) ハンドボール部顧問2年目の大きな出会い

　顧問となり2年目の春，一人の教師が一緒に顧問を務めてくれました。彼は，加藤弘也という大男です。私と同じ年で，他の中学校でのハンド

第1章 夢をかなえる流儀を語る

ボール部の指導の経験もあり，とても頼りになる男でした。まず，二人で取り組んだのは，練習場所の整備でした。学校の外にあるハンドボール部専用グランドは，専用と言っても，正式なコートは作れない台形の形をした狭い土地でした。来校者の多いときには駐車場になり，到底練習ができるような場所ではなかったのです。1年目の私は，専用グランドが，駐車場になっていることさえ疑問に思わず，できる範囲で練習をしていました。しかし，大男は，違ったのです。「これはおかしい。生徒がかわいそうだ」ということを大きな口で訴え続けたのです。「生徒のために，体制を変えること」このことを私は，教わったのです。

次に，この専用グランドに名前をつけました。それは，この勝ち得た場所を，生徒たちに愛着を持たせ，自分たちを育ててくれる大切な聖地にしたかったからです。コートの名前を『尽誠道場』としました。道場訓も作りました。

『桃李言わざれども下自ら蹊を成す』

　　※桃やすももは何も言わないが，花や実を慕って人が多く集まるので，その下には自然に道ができる。徳望のある人のもとへは，人が自然に集まることのたとえ。

この言葉には，生徒一人ひとりが，桃やすももであり，内面からあふれ出る魅力で，仲間を増やし続ける人生を送って欲しいという願いが込められていました。この言葉は，生徒だけでなく，我々指導者自身にも課せられた思いでもありました。ハンドボールを通して出会うすべての人を大切にすることで，部の道を作って行こうという意思表示でもありました。それ以来，その言葉は，私の座右の銘になりました。

その後，4年間，美里中学校ハンドボール部で顧問を務めさせていただきましたが，部を通して関わる人の数はどんどん増えていきました。ありがたいことに，部員が少なくて嘆くということもありませんでした。

そして，今でも覚えているうれしかったことが，塚本哲也先生が，

「部員が少ないことを嘆いている顧問は，生徒が集まってくる佐伯先生の指導を見習うといい」と言ってくださったことです。私も少しは桃やすももになれてきたのかと実感できた瞬間でした。

(3)　監督は，競技者意識を持っていてはだめなのか

　念願の中学校の教師になり，部活を任されることになりましたが，戸惑うことばかりでした。まず，生徒たちとどう接していいのか，どのような距離感でつきあっていくのが望ましいのかもわかりませんでした。

　そんな中，ハンドボール部内に問題が起きました。自分自身何をすればいいのかわからず悩みました。自分もチームの一員として，チームのために何をするべきか，何が生徒たちの支えとなるか考えました。悩んだ答えが丸坊主でした。翌日，半端な丸坊主ではなく，五厘刈りで他校との練習会に行きました。そんな私の姿を見て生徒たちは驚きました。特に問題を起こしてしまった生徒の表情は，今でも覚えているほどです。そして，次の日，感動的な出来事が起こりました。なんと3年生全員が丸刈りになってきたのです。半面で私は，「こんなことをさせてしまって，生徒に悪いことをしたのではないか」とも思っていました。

　しかし，太陽の日に頭皮を焼かれ，生徒も私も皮がぼろぼろとめくれて来る頃には，チームがまとまり，問題が起こることはなくなりました。

　今，思い返すと，このことが私の顧問としての方向を示してくれたように思います。生徒とともに汗をかき，ともに笑う顧問というスタイルが出来上がってきました。生徒と一緒に，フットワークをし，外周20周以上（15kmぐらい）を走りました。夏休みには，一緒にプールに入り，図書室で勉強もしました。どんなことも生徒とともに活動しました。

　私が心がけていることは，常に生徒と笑顔で過ごすということです。辛い練習で疲れた生徒には，笑顔で励ましの言葉をかけます。叱るときもありますが，すぐに笑顔に切り替えるようにしています。

第1章　夢をかなえる流儀を語る

　生徒とともに汗を流し，笑顔での励ましを心がけていくと，不思議なことに年々勝てるようになり，西三河大会の上位に入賞できるようになっていきました。勝てるようになると，「監督として，生徒たちと近い競技者でいることが正しいことなのか」と考えるようにもなってきました。実際，一緒に活動をしていると視野が狭くなり，全体を見ることができないことがあります。他の同僚からも，「いつまでも競技者ではだめだ。指導者にならなきゃいけない」と話をされたこともあります。

　しかし，まだ私にはその意味がわからないのです。いつまでも生徒に近い存在として，一緒に汗をかいたり，一緒に大きな声で笑っていたいと思うのです。ベンチには1試合ごとに成長していく生徒の姿をうらやましく思ってしまう私がいます。超ロングシュートを決めた生徒や，思いもよらないポジショニングでボールをカットする生徒の姿を真似てプレーする私がいます。私は，急成長を遂げる男子たちを同じ男として，ライバルだと思っています。「負けてたまるか」これが私の法則です。

(4)　応援に行った試合会場で

　現在，部活動のない学校に赴任した私は，よく試合会場に応援に出かけます。観客席を歩くと，3月まで務めていた豊田市立上郷中学校の男女のハンドボール部員が次々に集まってきます。息継ぐ間もないくらい，学校のことや部活のことを話してくれます。また，美里中学校での教え子たちが，後輩たちの応援に足を運んでいる姿を見ることができます。そして，美里中学校のベンチには，一緒に頭を丸めたあのときの生徒がコーチとして座っています。

　この夏，前任校の上郷中学校男子ハンドボール部が，一緒に夢描いた西三河制覇を見事成し遂げました。『桃李言わざれども下自ら蹊を成す』の言葉のとおり，多くの仲間たちとその優勝の瞬間に立ち会えたことは，これ以上ない幸せです。

【女子部】1 単純で単調な練習の繰り返し

名古屋市立東港中学校教諭　纐纈　充

(1) 競技経験のない種目の顧問

　私は，初任の学校で4月はじめに応接室に呼ばれ，「君は体育の先生だから，どんなスポーツでも指導できないといけない。今日からハンドボール部の顧問です」と教頭先生に言われました。

　6年後に転勤した2校目の御幸山中学校には，ハンドボール部がありませんでした。当時の教務主任の先生に「1校目でハンドボール部の顧問をしていたのなら，つくればいい」と背中を押していただき，部を立ち上げることにしました。今振り替えると，何も分からないままの始まりでしたが，私の得た成績はこの学校での7年間のものです。

(2) 部員との信頼関係

　最初に入部してきた部員は，学校生活では問題のある部員も多くいましたが，勝ちたいという気持ちの強い部員ばかりでした。その当時の私は，指導法についてほとんど何も知りませんでした。私は，そのことを部員には隠さず話し，ともに勉強していくことを約束しました。

　あれこれと練習方法も分からないので，一つ新しい練習方法を教えていただくと，その練習をひたすら繰り返しました。キャッチボールだけで朝から夕方まで行った日も多くありましたし，ランニングパスだけで1日を終える日もありました。球技系部活の部員にとって，単純で単調な練習の繰り返しほど苦痛なことはありません。しかし，単純で単調な練習ほどその競技の重要な要素を含んでいるのです。

　私が大切にしているのは，「なぜその練習をするのか？」「どうするこ

とが技能の完成型なのか？」「個々の部員の技能の習得状況はどの程度なのか」を分かりやすい言葉で繰り返し伝えることです。

　私自身に競技経験が無かったので，どの練習も体のどこをどのように動かすとできるようになるのかを確かめ，その都度部員にアドバイスしてきました。例えば，キャッチボールの練習では，ボールを投げるという動作について「どうするとリリースの瞬間に，体の全エネルギーをボールに伝えることができるのか？」ということに焦点を絞りました。

　当時の私の考えは，非常に浅く，間違っていたことも多くありました。しかし，部員は「勝ちたい……」「強くなりたい……」という思いで，私のことを信じてついてきてくれる部員ばかりでした。

　黒いものを「白」と教わったら，「白です」と答えるような部員でした。時として，部員をこのような魔法にかかったような状態にすることは，とても重要なことだと私は思っています。そのために，指導者として努力している姿を部員に見せることや，考えていることを伝えることで，信頼関係を築くことが必要です。

⑶　これこそ，私の指導

　一つ目は「自分らしさを求める」ということです。私の指導は，たくさんの方から学んだことが中心になっています。周りの方に支えられて，ここまでやってこられたという感謝の気持ちを忘れたことはありません。

　ただ，常に心掛けていたことは，「完全な真似はしない」ということです。尊敬する先生の真似をしても，それはあくまで真似であって，どれだけ経ってもその先生と同じ土俵には立てません。真似は真似，本物ではないと思っています。例えそれが，より良いものではないかもしれませんが，自分なりのオリジナルというものを考えることが大事だと考えます。正論ではない考えが，時としてうまくいくこともあるのです。

　二つ目は，「部員理解」です。あくまでも中学校の部活動の指導です。

発達段階においてまだまだ未熟な段階の中学生に対して，安心感を与えることが何より大切です。そのためには，部員の心の状態を見抜くことです。「今，どういう気持ちでいるのか？」ということを常に考えてきました。部員が考えていることを見抜き，先回りして声掛けをする。自分の心を見抜かれた部員は，驚きの表情を見せたり，安堵の表情を見せたり，時には涙を見せたりすることもありました。それは，部員の安心感につながるものでした。時には，的確に見抜けないこともありましたが，私の見立てと部員の心の状態が一致していなくても，部員は「自分の気持ちを考えてくれている」と安心感をもつようになるのです。このことは，前述した部員との信頼関係づくりの大事な要素でもあります。

　三つ目は，「待つ」ことです。私は，「教えたら，できるようになるまで待つ」ことを大切にしています。顧問が教えたことは，頭で理解し，体でできるようになるまで時間のかかるものと私は考えています。また，教えたことが十分に定着していないにもかかわらず，待ちきれずに，次のことを教えようとしている指導者の様子を見ることがあります。それは単に，指導者が教えたことに満足し，できるものだという勘違いをしている状況なのです。教えたら，そのことをいつまでに身に付けなくてはならないのか，期限を区切るのです。そして，根気よく，できるようになるまではアドバイスをしながらじっと待つことが大切なのです。すると部員たちは，自分で探求し，考えながらねばり強く取り組んでいくようになるのです。

　現在，私は御幸山から東港中学校に転任し，女子ハンドボール部の顧問をさせてもらっています。ここでは，まだ思うような指導ができていなく，勝つことはできていません。しかし，「いつかまた」と心に秘め，今の部員たちからも多くのことを更に勉強させてもらっています。

第1章 夢をかなえる流儀を語る

【女子部】2 ハンド王国という環境

名古屋市立滝ノ水中学校教諭　中谷秀将

(1) 集まった部員をとにかくハンドボール好きに

　ヨーロッパでは，サッカーに次ぐ人気スポーツであり，プロリーグも盛んなハンドボール。しかし日本では，まだまだマイナーなスポーツです。そんな中，「ハンドボールをやろう！」と入部してくる部員は貴重です。そんな生徒たちをいかにハンドボール競技に没頭させ，懸命に努力を続けられる環境を整備できるかが，指導者に課されるチーム創りの第一歩です。

　全校生徒1000人程の大規模校であるため，ハンドボール部にも毎年多くの部員が入部してきます。多いときは，男女合わせて150名を超える部員を抱えた年もありました。その中には，当然ハンドボールを全く知らない新入部員もいます。2コートに人が溢れかえる状況の中で，2人の指導者できりもりしながら1学期が過ぎていきます。

　最後の大会に臨む3年生への指導に重点が置かれるこの時期，いかに1年生のモチベーションを持続させるかは大きな課題です。「1年生の間は，ボール拾いなど下積みをすることが大切」という考えを持ちながらも，シュートやフェイントなど，得点につながるプレーを時間とスペースを生み出して練習させています。競技レベルが低くても気にせず，時には紅白戦を実施して，ハンドボールに興味を持たせることに全力を傾けることも，1年生のこの時期には大切です。

(2) 学習との両立で役立つ社会人に

　部活動は，学校生活の一部です。当然，日々授業を受け，3年生とも

なれば最後の夏に向けて部活動に心血を注ぎながら，進路にも目を向ける大事な時期となります。そこで，毎年4月当初に年間計画を立て，試合日程やテスト日程に合わせて部活動を実施しない日（いわゆるOFF）をあらかじめ提示することにしています。部活動はもちろん，学習にも計画的に取り組むことができるように配慮しています。

前述した通りハンドボールはマイナースポーツであるため，どんなに一流のプレーヤーになったとしても，ハンドボールで生計を立てることは不可能です。ハンドボールという競技を通して「社会に出たときに役に立つ人間を育てる」ことが一番の目標です。メリハリをつけ，それぞれの場面で集中して活動し，多方面で成果を上げることができる集団にしていくことが，部員確保につながる方策でもあると思います。

(3) 愛知（名古屋）の指導環境の充実

マイナーな日本のハンドボール界にありながら，愛知（名古屋）は「ハンド王国」と呼ばれる他県でも類を見ないほど競技人口が多い地域です。県内には男女各100前後，名古屋市内だけでも30ほどのチーム登録数があり，凌ぎを削る激戦区です。そんな各チームの指導者も，高校・大学の同窓生やライバル校の先輩・後輩などが多く，教員になる前からつながりがある人たちがほとんどです。中学校だけでなく，小学校や高等学校，大学にもそういった指導者がたくさんいて，練習相手をしていただいたり，体育館を使用させていただいたりできる環境が整っています。マイナーであるがゆえのハンドボール界の狭さが，人と人とのつながりを強めているのだと思います。

指導者仲間で編成している教員チーム（西日本クラブ選手権で優勝した経験もある）に所属して，社会人リーグで実際にプレーしながらハンドボール競技を追究し，生徒への指導に反映させられる環境もあります。また，お互いに切磋琢磨し合い，実力を備えて勝ち抜いたチームを敗者

チームが県・東海・全国大会の会場まで応援に駆けつける風潮が自然とできていることも，素晴らしい環境だと感じています。

さらに，私はチームが弱い時代から，愛知県選抜チームのスタッフに数回加えていただき，中学生に対するトップレベルの指導ポイント，特にビデオ研究の重要性を学びました。対戦相手のビデオを，事前に全てコーチ陣がチェックし，要点を絞って選手に見せるのです。指導者が目的を持って見せるからこそ，大きな意味があるのです。私は，今でもその作業は，夜中になろうが徹夜になろうが苦もなくできています。

現在の成果は，決して私自身の技術・戦術指導が長けているからではありません。これまでの多くの指導者が積み上げ，整備した愛知（名古屋）の指導環境が，毎年様々なチームを全国大会まで駆け上がらせているのです。私もその一部に入れていただいているのだと思っています。

(4) 監督が悪役に徹して，団結を取り戻す

そんな恵まれた環境のもとでも，幾度となく人間関係のトラブルでチームが崩壊しかけることがありました。日頃の指導の未熟さを痛感しながらも，「大勢の人間が集まればトラブルは当たり前のこと，そうやって人間は成長していくもの」と捉えるようにしていました。その都度，チームとしての目標を再確認して，立て直しを図ってきましたが，それでも手におえないこともありました。そんな時は，監督自身が悪役に徹することでチームの団結を取り戻してきました。

一例をあげるなら，ある市総体でのことです。決勝戦の試合直前にレギュラー２人が喧嘩をしました。ウォーミングアップもせずに，コートサイドでうなだれています。その姿を見て私は「目標を見失い，チームワークを乱すプレーヤーは試合には出さない」と宣言し，その場をあとにしました。しばらくして反省した２人は，私のもとに現れて謝罪し，「試合に出させてください」と申し出てきました。しかし私は「試合に

向けた準備が整っていない選手は出せない。あなたたちが試合に出るというなら，私は指揮をとらない」と伝え，ベンチに入りませんでした。一緒にチーム指導にあたってきた先輩教員に監督代行を依頼し，大会本部にも許可を得て，試合をやらせていただくことはできましたが，決勝戦の前半は，まさに散々な結果となりました。居ても立ってもいられなくなった私は，ハーフタイムにベンチへ赴きました。その姿を見た先ほどの2人は，床に頭をこすり付ける勢いで謝罪をしました。そして，それを見た仲間たちも，まったく同じ行動に出たのです。それはまさに，問題を当事者だけでなくチーム全体の問題としてとらえた瞬間でした。「分かった」という私の声に，全員で涙を流しながら一致団結して後半に臨み，何とか逆転で優勝を飾ることができました。この経験が生きたのか，チームはまさに一致団結して全国まで駆け上がることができました。もしもあの決勝戦で，負けてしまった後に私が何を言っても，生徒たちには影響力を持たなかったことでしょう。

(5) 人と人とのつながりによって

　全国に出場するまでに14年を費やしました。今，教え子の中には，教員となりハンドボールの指導者として活躍する者や，それを目指して勉強中の者がいます。今年度の全国大会では，教え子の一人がチームに帯同してくれました。緊急時の対応や他会場で試合をしている対戦チームのビデオ撮影など，チームには何の縁もない1人の青年が「今，何が必要であるか」を自ら考え，献身的に協力してくれました。その助けもあって，全国3位という大きな成果を上げることができました。

　何度も繰り返しますが，とにかく自分を取り巻いている様々な環境や人があってこそ今の自分があるのです。こんな私に，指導者としての力があるとは到底思えません。唯一あるとするならば，「そういう環境を大切に考え，求め続けている姿勢」ということだけだと思います。

第1章　夢をかなえる流儀を語る

ソフトボール

　他の競技同様，技術の向上には，多くの時間と経験が必要なスポーツです。また，チームワークの向上こそが，勝つチームを作る大きな要素になります。緊張の中で，いかにミスを無くすことができるかが勝敗を左右します。

❶　女子でも経験者に勝てる 
安藤篤喜（静岡県浜松市立中郡中学校教諭）
　・静岡県大会ベスト8・3回，準優勝1回
　・東海大会優勝1回

❷　素人軍団からの勝つチーム創り 
田口賢一（豊田市立挙母小学校教諭）1964生
　・市内大会優勝18回
　・西三河大会優勝5回
　・愛知県大会準優勝1回，3位2回
　・東海大会出場
　・中日本大会出場

❸　未だ夢がかなわない教師へ 
佐々木博（豊田市立美里中学校教諭）1970生
　・市内大会優勝2回
　・西三河大会優勝1回，準優勝1回
　・愛知県大会3回出場

1 女子でも経験者に勝てる

静岡県浜松市立中郡中学校教諭　安藤篤喜

(1) なんでも屋の中学校教師

　私の部活動の目的は「価値観と実行力を育てる」です。目に見えないものを大切にする「価値観」，自ら挑戦・継続できる「実行力」。この2つは，自分で悩みや課題を解決できたり，自分や仲間を信じて誇りを持てたりすることにつながります。そして，「やってダメでもやらなきゃダメ」であることを実体験させたいのです。

　部活動の目標は「克つ・活つ・勝つ」です。昨日の自分・弱い自分・厳しい練習に「克つ」こと，自分・仲間・日常生活・未来に「活かす」こと，仲間と共に勝負に「勝つ」ことです。このように考えるようになったのは以下のような理由です。

　私がソフトボールを指導したのは，前任校（浜松市立可美中学校）の7年間だけです。教師になってから，違う学校で連続して同じ部活動を持ったことがありません。男子バレーに始まり，野球，男子ソフトテニス，野球，ソフトボール，今再び男子ソフトテニス……。正直，「何で？」と思うこともありました。

　また，異動する時は今までの最高のチームである場合が多いものです。野球では県3位で今年こそというときに異動，ソフトテニスでも東海で優勝したときに異動，そしてソフトボールも東海で優勝したときに異動。ですが，様々な部活動で出逢えた子どもたち，保護者，先輩，同僚が教師としての自分を高めてくれたと感謝しています。部活動は有意志の必然集団です。そこで教えられることの幸せと教える術を学んだことは，無意志の偶然集団である学級・学年の指導に大きく還元できました。

(2) 素人だからこそ見えるものがある

　私は，中学時代は野球部でした。でもずっと補欠……。公式戦はもちろん，練習試合にも出たことはなく，いつもベンチでスコアブックをつけて応援する生徒でした。本格的にスポーツをやったことはありません。そのことにずっと劣等感を持っていました。ですから，部活動の顧問になったときは不安と緊張から，「この先生が勝たせてくれる」と信じる真っ直ぐな子どもの視線に，目を合わせることができませんでした。「人間的にも未熟で経験が不足していること」「生徒は顧問を選べないこと」この2つは常に私を苦しめました。でも，子どもは目の前にいます。「この子どもたちを何とかしたい」その思いだけでした。

　素人の良さは「いつも初心で挑戦できること」「できないことが普通，100やって99はダメであると思えること」「できないのは昔で，今でも未来でもないと思えること」「生徒ができたことにより喜びと幸せを感じられること」です。素人が専門家と勝負するには，同じことをやっては無理です。いろんな本を読みました。いろんな方にお話をうかがいました。様々な部活動を経ていく中で「知識→見識→胆識」となる自分なりのぶれないもの，哲学が必要だと気付きました。以下の7つです。

① まじめ・王道・本物の強さと怖さを知っていること

　「良い準備が良い結果を生む」「試合が始まる前に勝負は9割決している」「終わった瞬間，次の試合は始まっている」ことや，「不器用な選手は上手くなる」「一番上手な選手が，一番良い練習をし，一番挑戦し一

番失敗している」ことです。

② **矛盾することを成立させること**

速さと正確性，スピードとパワー，練習と休養，厳しさと優しさ，勉強と部活動，大胆と細心，自信と謙虚，気合いと冷静さ，闘争と倫理，継承と想像，理論と情熱，これらの矛盾することの価値判断，バランス，プライオリティーがすごく大切だと考えます。

③ **つながりを広く深く豊かにすること**

横のチェーン（仲間・ライバル），縦のチェーン（OB，先輩・後輩，保護者・家族），地域のチェーンを大切にすることで，仲間意識と感謝が生まれます。応援される人には，強さがあります。

④ **自利利他，OPENであること**

「良いことをすれば返ってくる」「嫌なことこそ進んでやる」「give & take → give & given」「閉鎖性を作らず常に開く」ことで情報が集まり，良い出逢いができます。

⑤ **成功経験に頼らないこと**

子どもと状況が常に違う以上，「常にbestを求めてbetterな実践をすること」「慢心・マンネリ化を戒めること」「勉強すること」です。

⑥ **教えることと教えないことをハッキリさせること**

附属中学校で野球部の顧問だったときのことです。生徒がいろいろな地区から来ているため練習時間が短く，しかも素人ばかりでした。ここで「教えないこと」の大切さを再認識しました。時間が限られている以上，何を削って何を焦点化して教えるかが重要になります。

⑦ **アプローチを多様化すること**

「常識を疑うこと」「うまくいかない理由を考えるのではなく，どうすればうまくいくかを考えること」「他競技から学ぶこと」「部活動以外を大切にすること」などです。ひょっとしたら，これらが私の指導のベースなのかもしれません。

(3) 女子指導――経験者との差に打ちのめされる

　女子指導は，ソフトボールが初めてでした。驚いたことの1つは，予想外の結果が多いことです。「えっ」と思うようなことがたくさんありました。たとえば，女子は「教えたことしかやらない」「練習でできたことすらできない」「+aなどあり得ない」ことなど。これは，男子との大きな差でした。

　初めてのソフトボール部，練習はひどいものでした。始業式の後，初めてグランドに向かいました。前任の附属中では部活動があまりできなかったため，「よ〜し，○○ないい話をしよう」と勢い込んでいました。ところが，生徒がスパイクの踵を踏んで練習しているのを見た途端，か〜っと頭に血が上ってしまいました。いい話どころか，初めて生徒と接する大事なときの第一声は「バカ野郎〜‼」，ソフト部員どころか，グランド全体が凍り付いてしまいました。しかし，生徒たちは指導に飢えていました。その後の行き当たりばったりの私の指導にも，必死についてきてくれました。私の部屋にはこのときの生徒から贈られたグラブが，今も飾ってあります。

　そんなスタートから始まったソフト部でしたが，2〜3年すると県大会にも出られるようになってきました。そこで，掛川市の中学校と対戦しました。相手チームの多くは小学校からの経験者。もちろん，結果はコールド負け。その戦力差にショックを受けました。相手は1年生のエースピッチャーがいるのに対して，こっちの1年生はルールもおぼつかない有様。キャッチボールに毛が生えた程度です。

　球技は，経験が重要な要素です。しかし，以前指導した野球部でも少年野球経験者はほとんどおらず，ソフトテニス部は全員素人でした。それでも，2年で追いつくことが可能でしたし，ひっくり返してもきました。それが，女子ソフトボールではうまくいかず，県ベスト4の壁に何

度も跳ね返されました。

　先程，哲学なんて偉そうなことを言いましたが，この頃は哲学なんてどっかに素っ飛び，正直あきらめかけていました。「男子は追いつけるけど，女子は……」と言い訳ばかりしていました。

(4)　女子でもできる

　そんな時，各部活動責任者会で講演をするよう依頼されました。部活動を再度考える機会が得られました。自分の歩みをトレースしたとき，「女子でも経験者に勝てる」そんな自信と闘志が沸々と湧いてきました。「男子で狙ったことを女子でも狙おう。それが経験者に勝つ道だ」と気付きました。その1つが自分で判断・決断・実行する力の育成です。

　これは，私の部活動の目標の1つでもあります。女子や素人の陥りやすい指示待ちや判断・決断・実行力不足がチームの長所に変わるよう，多くの練習試合をノーサインにしました。ただし，次打者にどうするのか，どうしたいのか毎回言わせました。バント，バスター，スラップ，ヒッティングだけでなく，盗塁，狙い球，場合によってはその理由も言わせました。守備も受け身ではなく，攻撃的・積極的にするため，捕手に全てを任せました。すると，チームとして機能するようになり，指示・確認・注意といった声が自然に掛け合えるようになりました。

　もう1つは自由練習です。自分で課題を克服するための練習時間を，なるべく多く確保しました。

　次に意識改革です。練習の最後，試合の始まる前には「日本一」を10回言わせました。「十，口にする」つまり叶うのです。あきらめていた自分を戒める意味もありました。夢は叶うというねらいを常に意識させました。これは効果が高く，日々の練習が与えられたものから，自ら創造したものに変わりました。休憩でもソフトボールの話をしたり，ソフトノートの質が上がったり，自主的な練習が行われたりしました。グラ

ンド外の生活さえも見違えるように良くなりました。

(5) いよいよ闘いの場へ

　新人戦が始まりました。市内大会は優勝。次の西部大会準決勝で掛川市の5STARTSというクラブチームと当たりました。相手はもちろん全て経験者。コールド負けを逃れるのがやっとでした。ですが，子どもたちのあきらめない粘り強い闘いに手応えを感じました。

　11月の県大会決勝で，再度5STARTSと対戦。結果はパスボールによるサヨナラ負け。私の采配ミスでした。2アウト3塁，0-2からの高めの誘い玉に対する捕手への助言が不足していました。しかし，センターの4番が所用で欠場していたにもかかわらず，代役がタイムリー2打点と活躍して層の厚さが感じられたこと，1点差の勝負になったことで，生徒も私も練習内容や方向性に自信を得ました。それが冬季練習に活かされました。

　そして3月下旬，地元での東海大会。大会の前日，バッティングが上り調子の右翼手が怪我をしてしまいました。バットはとても握れません。初戦の岐阜1位とは，それまでの練習試合で1勝1敗。難しい試合展開が予想されるところです。また，この大会前に私は異動を告げられ，落胆していました。しかし「大会が終わるまでそんな素振りは絶対に見せない」と決めていました。悪いことは重なるものだと思いましたが，結果的にはこれが良かったのかもしれません。いい意味で開き直れ，最後だからこそ，生徒たちと自分がやってきたことを信じようという心境になれました。初戦は，2-0で勝つことができました。

　翌日，医者の許可が出た右翼手もスタメンに戻り，愛知1位のクラブチームとの対戦です。経験者が揃った洗練されたチームです。今まで，一度も勝っていません。それどころかBチームにも負けていました。ところが生徒たちは試合前に日本一を絶叫し，復帰した右翼手のファイン

プレーもあり，伸び伸びプレーで5-4の逆転勝ちでした。
　「こういう心境で采配すれば，もっと前にも勝てた試合が何度もあったのでは……」「ちょっとでも，負けるなんて思った自分が恥ずかしい」と反省しきりのゲームでした。
　そして決勝は3回目の5STARTSとの対戦になりました。スコアは競っているものの，相手投手の出来が良く，押されっぱなしでした。敗色の気配が漂う中，5回裏に右翼手の初ホームラン。ベンチ，応援席は総立ちです。2-2の同点に追いつきました。そして互いに，ピンチ・チャンスを繰り返した後の7回裏，2アウトランナーなしで再び右翼手の打席です。見事ヒットを打った彼女は，初球から2盗。そしてまた3盗。最後は，捕手のパスボールでサヨナラ勝ち。いくつもの奇跡が起こった結果に信じられない気分でした。
　この大会の閉会式の前，お世話になった先生方にお礼と異動の挨拶をしました。そこでの温かいお言葉に，良き指導者に関われたことがこの結果につながったと胸が熱くなりました。そして学校へ戻った後，生徒・保護者に異動を告げました。生徒の目を見て話すことはできませんでした。今までの異動の中でも，最も辛いものでした。

(6)　その後……

　異動後も彼女たちは，再び5STARSを破って県選手権優勝。夏季中体連では県準優勝。東海大会出場。目標の日本一にはなれませんでしたが，とてもいい思い出を残してくれました。
　今思えば，どの部活動でも強いチームには，試合中いつも笑顔がありました。ピンチの時，チャンスの時，その状況を楽しみながら自分の力が出せることに喜びを感じている……。でも，今の自分は生徒に笑顔を求めています。そんなことを言わなくても笑顔が出る，本物のチームを育てたいと思っています。

2 素人軍団からの勝つチーム創り

豊田市立挙母小学校教諭　田口賢一

(1) ソフトボール部指導で学んだこと・思うこと

　顧問として、頑張ることから逃げる理由は幾つもあります。女子の指導の難しさ、地域性の違い、保護者からの苦情。でも、どんなチームのときも、精一杯、指導しました。それは、目の前の生徒と「最後に笑う」という、頑張る目標があったからです。21年間で、部員・保護者とともに学んだことをお話します。

【顧問の極意12箇条】

① 出る杭は打たれる。でも、出すぎた杭は打たれない。打たれる前に抜かれるようなら、勝つチームは創れない。

② 自分流を貫き、顧問として感性と意地を大切にしたい

③ 子どもは伸びる。センスの有無にかかわらず、やる気のある子は必ず伸ばしてやれる。

④ マイナスはプラスになる。強いバントしかできなければプッシュバントにするなど、その子の特性にかえ、チームの戦力として生かせばいい。

⑤　他の教師の部員への悪口は，顧問への苦言である。
⑥　こんなにきついことをやり抜いたのだから，人生何があっても大丈夫と，部員が自信を持てる3年間を過ごさせる。
⑦　顧問は，ときに部員全員の敵でいい。部員同士がもめるより，みんなで支え合って共通の敵に押しつぶされないように団結してくれた方が，部活動の規範は保たれる。
⑧　勝利至上主義と強い部を否定する人へ。へらへら練習し，部活内のもめ事には無関心。大会では大敗し，雰囲気で最後泣いているけれど，何も残らない部活に意味はない。事なかれ主義で生徒の本当の味方にはなれない。
⑨　礼儀・マナーを教えるのは顧問の責任。確かに中学女子の部活は小学校からの経験値や運動能力がずば抜けていれば，ちょっと出で勝ち上がってしまうことがある。でも，挨拶や身だしなみができない部員，相手を不愉快にする行動を注意できない顧問の姿は，志の低さを感じて寂しい。
⑩　部活だけでは偏った教員。学校や学年の仕事を買って出る。生徒指導では絶対逃げない。自分の授業は責任を持って成立させ成果を上げる。飲み会などには必ず参加し，人間的に魅力ある人が良い顧問になる。
⑪　強いチーム，高校に訪ねること，頼ることをためらう必要はない。自分から飛び込んで学ぶのが部員のためである。
⑫　「自分がいなくては」なんて，自意識過剰。学校も部活もちゃんと回る。休むときは休むべし。

(2) 勝つチーム創り（新チームスタート～最後の大会まで）

　新チームは，何もできないところからのスタートです。投げれば砲丸投げ，踏み出す足は逆というのもざらなこと。1年の7月までは，仮入

部のお客さん状態で，そこからたった2年で引退してしまいます。その2年で，少年野球やソフトボールを何年もやってきたプレーヤーに追いつくのは，至難の業です。ここでは，先輩が引退した後，「どのように新チームを育て上げるのか」，私の経験からお話します。

【勝つチーム創りの極意28】
〈夏休み〉
① 「初日にチームの方針，目標を定める」
　約束事を徹底する。正直者が馬鹿を見るチームに先はない。
② 「自分のポジションは，自分で整備」
　心を込めて行うし，ケガ防止につながる。
③ 「下級生ができないのは上級生の責任」
　声を出せ，準備が遅いと先輩面するが，自分がしてきたことの裏返し。やらないことを下級生にやらせるのは無理。
④ 「基礎の徹底あるのみ」
　ノックよりも手で転がして，緩く地を這うゴロを，基本に忠実に捕り，投げる。夏休みの間，指導者は忍耐あるのみ。
⑤ 「特性を見るため，当面，ポジションは固定しない」
　ゴロの捕り方，投げ方，足の運び，ボールへの恐怖心，フライへの反応，左右の動きなどを注意深く見る。その子にあった，チームにとって一番はまる守備位置を探し続ける。
⑥ 「ピッチャー選びは迷わずに」
　手の大きさ，指の関節の柔らかさ，短距離のスピード，立ち幅跳びの跳躍力，腕の長さをみる。ただ，中学生ならば，地道に努力でき，親が協力的で，意思の強い子なら勝てる。どんなピッチャーも，夏には必ず打たれる。守りのリズムを保てるエースが一番。途中で交代させるときは迷わず決断。できれば，タイプの違う投手をもう1名育てておきたい。
⑦ 「盆過ぎから試合を入れる」

相手はできるだけ出来上がっているチーム。ピッチャーが良いチーム。ボロ負けで良い。むしろ，その方が練習になる。

〈秋・新人戦〉

⑧ 「夏までの展望を探るのが新人戦」

経験値の差で勝敗は決まる。この時期の成績に一喜一憂せず，先を見る。

⑨ 「多くを望まず，ポイントを絞って練習」

ストライクが取れることと，全員がバントをできること。

⑩ 「ミスは続けると，いずれ癖になる」

試合でのミスは，学校へ戻り，すぐに練習。同じ場面を作り，同じ打球をノックして，できるまで反復練習する。

⑪ 「キャッチボールの大切さを痛感させる」

ランナーは暴走気味に走らせ，どんどん野手に投げさせる。ミスの連発が課題の発見につながる。

〈冬〉

⑫ 「ほとんどない練習時間に意味をもたせる」

朝練習でボールを使った基礎練習の反復。放課後は，ランニングと筋トレ（腕立て・腹筋・背筋・スクワット・鉄棒）。

⑬ 「目標を作って走り込ませる」

ついてこられずに泣いていた子がどんどん速くなる。忍耐力の向上，ケガ防止に繋がる。

⑭ 「とにかく筋力アップ」

鉄棒などを活用して，腕の力，脚の力を付ける。ボールを投げるときに肘が下がるのは，筋力不足に一因がある。また，腰が高い選手は，脚の筋力が不足していることが多い。春からの追い込みに耐えうる筋力アップを。

⑮ 「強豪高校との合同練習は臆せずに申し込もう」

いい見本がたくさんいて，礼儀も目の前で見て覚えられる。憧れが目標になり，やる気につながる。いい選手を集めている高校もいいが，実績がない選手を一から育てる指導者からは本当に勉強させていただける。
⑯ 「ボールを触り，慣れることが上達の早道」
　素人に「手がかじかんでボールが握れない」の常識は無用。

〈春・春季大会〉
⑰ 「２月後半から実践練習を」
　試合を組むときは，目指す位置に近づいていることが実感できるセッティングを。また，秋までに大敗していたチームとの距離を縮めた実感をもたせ，自信につなげる。
⑱ 「どう点を取るかを染み込ませる」
　ワンアウトまでにランナーを３塁において叩いて点を取ることを徹底する。春の鉄則だと思われる。

〈夏・総合体育大会〉
⑲ 「名前負けしない心を育てる」
　春以降は，県外にも出て行く。また，招待試合や大規模な練習大会へも参加の機会を得て，強豪校と対戦する。
⑳ 「きれいすぎてセオリー通りでは，相手の策にはまる」
　型にはめることだけにこだわらず，その子らしいプレー・感性が，生きた力として大会で働く。
㉑ 「サインは２種類用意しておくこと」
　サインを盗むことに必死のチームがいる。変えると相手が浮き足立つ。
㉒ 「勝つための戦法を部員に徹底させる」
　ツーアウトからのセーフティースクイズ，ランナーが二つ進塁するバントなど，どの場面で，何がくるかを選手が予想できているチームでありたい。
㉓ 「自分のチームを信じる。やってきたことを信じる」

戦法などの情報は，強くなればなるほど流れる。警戒するのは相手が嫌がっているから。急に別のチームにはなれない。
㉔　「副顧問（女性だとなおいい）は大きな支えとなる」
　夏の大会は，どこか痛めている選手ばかり。痛いと言わない根性も大切だが，甘えさせず，実情を耳打ちしてくれる存在は大きい。前向きで，こちらのやり方を理解してくれる人がいると心強い。
㉕　「大会当日はなんでも OK」
　相手や大会のレベル次第ではあるが，「ファーボール・ミス・三振，ぐっとがまんの子」。上の大会では特に意識を。
㉖　「顧問の弱気は選手に伝わる」
　苦手意識は，人前で口にしない。焦りや不安で些細なことが気になり，選手に大声を出してしまうのは厳禁。
㉗　「練習でやっていないことは出来ない」
　「挟殺プレー」「スクイズのはずし」など，大会で急にやれというのは酷。

　引退が決まった試合の後，学校のグランドに戻り最後の話をします。一人ずつ，手を強く握り合いながら，思い出を語り，感謝し，その子に期待することを語ります。初めて笑顔で優しい言葉を贈ります。負けた後だから悔しいけれど，これで普通に接することが出来ると思い，ホッとします。

3　未だ夢がかなわない教師へ

豊田市立美里中学校教諭　佐々木博

(1) 負けた後に……

　ソフトボール部の指導を始めて4年目となります。夏の県大会出場を目標に，日々生徒たちとともに汗を流しています。新人戦では1回，春の大会では2回，県大会へ出場することができました。しかし，最後の夏の総合体育大会では，いまだに県大会への出場は果たせていません。自分なりには「良いチームになったなあ」と感じて最後の夏に臨むのですが……。

　4年間，県大会出場という目標が達成されず，生徒たちとともに悔し涙を流しました。そのたびに，「自分がやってきた指導は良かったのか？」と1年間の練習，練習試合を思い出しながら反省をします。そして，「どうしたら，本当に強いチームに育てあげることができるか？」を真剣に考えます。次のチームは，「走塁ができるチーム」，「打撃がよいチーム」など思いをふくらませます。先輩の先生方からアドバイスをもらい，「強いチームとはどんなチームなのか」と考えます。

　これらのことは，負けた後には，誰もが考えることだと思います。負けた時に考えたことを，次の1年にうまく生かすことができる顧問が，きっと「勝つ」チームを作る監督なのでしょう。今の自分にはそれができていないのです。

夏までの間に，うまくいかないことがあると，目指すチーム像のプランをコロコロと変えてしまっていました。その場その場でよい方向に考えを少しずつ変えていくことは必要だと考えますが，「中心となる核のようなもの・指導方針」まで揺らいでしまう自分がいたのです。今までの自分には，自分なりの強い指導方針がなかったのです。だから，最後の夏に勝てないのです。
　私は，来年の夏に，初の県大会出場を果たすために，今までに培ってきた，次の五つのことを迷わずに進めていく覚悟でいます。

①　たかが「あいさつ」されど「あいさつ」

　生活していく中で，大切なことはたくさんあります。その中で，自分が一番大切にしたいのは「あいさつ」です。言うまでもなく元気なあいさつができると，その場の雰囲気が明るくなります。あいさつをした自分も，元気になれます。
　部員たちには，「部」としてのあいさつと「個人」でのあいさつをするように指導をしています。
　「部」としてのあいさつには，先導してあいさつをする役割の部員を決めてあいさつをさせています。これは，あいさつの習慣づけです。入部してきた１年生に，どんな場面であいさつをすればよいのか教えることができます。
　「個人」でのあいさつは，相手の存在に気づいたら，すぐに元気なあいさつをするように指導をしています。練習中にも周りに気を配り，あいさつができることを大切にしています。
　「ありがとうございます」という感謝のあいさつでは，自分のために，何かしてもらっているということに気づくことができます。相手の存在，相手の行動に気づかないと，あいさつはできません。自分から声を出してあいさつをすることで，気配りができるようになると考えます。気配りができるようになると，試合中にボールだけでなく相手チームの選手

や仲間の様子，状況などが見えるようになります。

　試合会場に行って，部員全員が出会った人に，さわやかなあいさつをするチームは強いチームです。レギュラーだけでなく補欠，１年生，全員があいさつをするチームは，顧問が統率しているチームだと考えます。「教えられているなあ」と感じてしまいます。

　たかが「あいさつ」されど「あいさつ」です。私は，「あいさつ」にこだわっていきます。

②　根気よく最後まで教える

　先輩の先生に「君は優しすぎるから……」とよく言われます。毎年，最後の夏に勝つチームの監督は，鬼のように恐い人が多いです。それでは，「監督が恐くなればチームが強くなるか」というと，そうではないと思います。強いチームの監督をよく見てきましたが，彼らは，恐いだけではなく，選手たちの一つ一つのプレーを最後まで教えきっています。選手たちに任せる前に，「こういうときはこうするんだ」と教えています。教え切られているからこそ，選手たちが自らプレーしているように見えるのです。

　今，「自分は選手たちにプレーや判断の仕方を８割ぐらいまでしか教えていないなあ」と感じています。残りの２割を選手に任せていて，任せた２割がうまくできなくて試合に負けた時は，「あのとき，あいつが……」と選手の責任にしていることがよくあります。指導している自分が「この場面はこうプレーするんだ」と決断をしないから，選手たちは迷い失敗をするのです。監督に迷いがあるのです。

　自分の場合は，「迷い」を「優しさ」でごまかしているように思います。「勝ったら選手のおかげ，負けたら監督の責任」と言われますが，まさにその通りです。監督が最後まで教えきれていないから，選手は自信を持ってプレーができなくて失敗してしまうのです。さらに，仲間の失敗をカバーする方法も教えられていないので，ミスが続くのです。負

けるのは，教えていない監督の責任です。

　勝つチームの監督は，たくさんのことを教えているだけではありません。選手たちのプレーを見る目も具体的です。だからこそ，選手の怠慢なプレーを厳しく叱れるのだと思います。

　大切なのは，選手の自主性を大事にする前に，根気よく最後まで教えきることだったのです。

③　具体的な目標を持たせる

　目標をもつと，人は強くなります。だから，新チームの始まりに，チームの目標を立てさせます。しかし，目標を立てただけで，目標へのアプローチの具体的な方策も示さずに，ただ唱えているだけのチームが，多いのではないでしょうか？　私も実際そうでした。

　「県大会制覇」と大きな目標を立てただけでした。唱えるだけで，目標が達成できるのであれば，だれでも唱えるでしょう。世の中はそんなに甘いものではありません。立てた目標をどう実現させるかは，まず，監督がビジョンを持つことです。市内大会，西三河大会，そして県大会と勝ち進むには，どんな力が必要なのか見通しを持って指導しないといけません。目標実現のための見通しを持つには，県大会の技術レベルや作戦，雰囲気を知る必要があります。

　そして，監督だけでなく，生徒にも目標達成のビジョンを持たせないといけません。意外と，生徒たちは何も考えず練習をしています。県大会に出場するには，「どんな技術が必要か」，「チームとしてどうあるべきなのか」を考えるように監督が，常にビジョンを語る必要があります。

　選手たちが「自分はどんな選手を目指すのか」，「どんなチームになりたいのか」と真剣に考えないと，やらされている練習が増えてしまいます。そんな練習を続けていても目標が達成される強いチームにはなっていかないのです。

④ 自分を磨く

「品」ということを意識しています。いい人を演じるのではなく，自分自身の人間性を磨くことを考えています。

例えば，選手のユニホームの着こなし方です。ユニホームの着方でそのチームの強さが図れます。整列の仕方，監督の指示を受けている様子，喜び方などなど，相手に嫌な感じを与えない，逆に相手にさわやかな印象を与えるような行動を意識して教えています。

「品」とは，「相手がさわやかな印象をもってくれる行動や言動」です。まだまだですが，練習試合に来てくださったチームが気持ちよく試合をしてくれるように，グランドの準備，接客の仕方を教えています。指示だけでは，生徒はできません。どんな行動が良いのか教えるべきです。教えていくと，先輩が後輩に教えるようになっていきます。

相手にさわやかな印象を与える「品」を意識していくために，私自身の行動を磨いていきます。

⑤ 家族には感謝の気持ち

ソフトボールに打ち込むことで，休みも少なく家族に負担をかけています。支えてくれる家族の存在をしっかりと頭の中に残しておかないといけません。支えてくれる家族がいるから，ソフトボールができると感謝するべきです。

選手たちにも，家族が支えてくれるから，部活動ができることを教えます。毎日の洗濯，弁当作り，練習試合の送迎など，家族があってこそ部活動に集中できるのです。選手は練習ができることを当たり前のように感じています。機会を見つけて，生徒たちに支えてもらえることが幸せであることを教えていきます。

来年の夏，初の県大会のグランドに生徒たちと共に立っている姿を日々夢に描きつつ，今日もノックを打ち続けています。

吹奏楽

「文化部のバレーボール部」といわれるように,基礎・基本を身につけるためには,膨大な時間と努力を要します。楽器やレッスンなどにもお金も多くかかることから,保護者を巻き込んだ組織的なチーム作りが必要です。吹奏楽の演奏が,朝も夕も響き渡っている学校は,とても魅力的です。

❶ 生徒の心に響く吹奏楽指導
竹田健一(豊田市立前林中学校教諭)1973生
小編成の部:
- ・地区大会金賞2回
- ・愛知県大会金賞2回
- ・中部日本吹奏楽コンクール本大会出場2回

大編成の部:
- ・地区大会金賞4回
- ・愛知県大会金賞1回

❷ どんな生徒もうまくなる
國枝和行(豊田市立美里中学校教諭)1971生
小編成の部:
- ・愛知県大会金賞4回
- ・東海大会銀賞2回
- ・アンサンブルコンテスト県大会優秀1回
- ・ソロコンテスト県大会優秀2回
- ・中部日本本大会出場1回

第1章　夢をかなえる流儀を語る

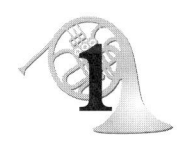

1　生徒の心に響く吹奏楽指導

豊田市立前林中学校教諭　竹田健一

(1) 常に上位大会への夢を語る

　赴任先で私がまず行うことは，第1期にあたる新1年生の部員勧誘です。部活紹介には3年生と共にトランペットを持っていきます。そこで，私の得意な演奏を披露します。それに魅せられて集まってきた1年生に「せっかく部活をやるなら，全国大会を目指してがんばろう！」と呼びかけるのです。今では，卒業生と会うたびごとに「あの時，先生に『上の大会に行くと，県外に行けて美味しい物が食べられて……』と，だまされた！」と笑って話してくれます。

　私は，常に「夢は全国！」と生徒たちに語り続けています。

　全国に行きましょう！　普門館のステージは，素敵です。17年前のことですが，全国大会の舞台は，今でも強烈に思い出されます。

　人生の中であのステージに立てるのは，中学高校の6年間しかチャレンジできません。後は，先生のように顧問となって全国大会出場を狙ってゆくしかありません。でも，奏者として客席に向かって演奏するのは高校を卒業するまでの今しかありません。愛知県の高校は，私学3強（安城学園，名電，光が丘）が上位を独占する現状では，公立高校が全国に進むことは奇跡に近いことです。どこも同じ条件の公立学校で競い合う中学生の部こそ，チャンスがあると思った方がいいでしょう。

（部活通信より）

---

(2) キャッチフレーズを作る

　部訓を「自分のパートは自分で守る！」と決めて機会あるごとに叫ん

でいました。顧問が思っている以上に，生徒は部訓に思い入れがあります。講習会で合同バンドのオーディションを行ったとき，落ちた生徒が「自分のパートを守れませんでした」と号泣したほどです。もちろん，練習では，この部訓をフル活用しています。少しでも，気が緩んでいると思ったら，「部訓!!」と叫ぶだけで生徒のテンションが上がります。

　ちなみに，現勤務校での部訓は「美しい音楽は美しい音から，美しい音は美しい心から，美しい心は美しい環境から」。さらに，合言葉は「1回で決める!!」です。今年の部活壮行会でも3年部員が，運動部顔負けの動きと円陣で部訓と合言葉を叫んでいました。

(3) **返事の指導**

　私は，返事をさせない指導をしていました。それは，やわらかい繊細な音楽作りをするには，大きな返事は邪魔になるからです。ある時，生徒から「返事をしたい！」という要望があり，その思いを受け止めてみることにしました。するとなんと，その夏の結果は，赴任して初の県代表でした。返事は，マーチや激しい音楽創りのためのイメージ作りにもなります。また，顧問の指導内容が理解できているかも判断することができますし，確実に管楽器の発音が良くなります。さらに，他の先生や周りの人たちからの評判をあげることにもつながっています。

　返事の指導での私のこだわりは，間を空けないようにすること，語頭を強く言うことの2点です。しかし，先にもお話したように，気をつけていないと，やわらかい繊細な音楽創りには逆効果になりかねません。

第1章　夢をかなえる流儀を語る

(4) 勉強もしっかりと

　生徒たちには，「好きなことをさせてもらうには，人の嫌がることを進んでしなければならない」と常々話しています。学校教育においては「みんなから愛される部活動」とならないと，どんなに実力があっても周囲から認められません。生徒の本分は勉強です。授業中はもちろん，宿題やテストにおいても，一生懸命に取り組む姿勢が重要です。

　学習習慣が身につかない生徒は，部活でも伸びません。ただ，本当に学力向上が難しい生徒には「部活の成績が上がると学力も上がるよ」とささやくことを忘れてはいません。

　楽器を上手くすることは，勉強と一緒です。
　○授業を真剣に受ける→部活の時間は遅刻欠席せず真剣に取り組む
　○宿題をしっかりやる→家でも練習する
　○予習をする→CDを聴いたり，いい演奏を聴きに行ったりする
　○復習をする→合奏で出来なかったことを出来るようにしておく
　○塾に行く→個人やグループでレッスンを受ける
　○頭のいい友達に聞く→パートの先輩に聞く
　○何回も書いて覚える→何回も練習して出来るようにする

(5) 吹奏楽部＝清掃学部

　西三河北コンテストに出場したときに，駒沢高校の吉野先生にご指導いただきました。そのときに，いただいた言葉は忘れられません。
　「音を磨くということは，心を磨くことと同じです」。
　現勤務校でも土日練習の最初に，パート別に分かれて清掃活動をしています。無言で清掃できるようになってくれば，その夏のコンクールでは，かなりの成果が期待できます。いつも誰かが活動を見ていてくれています。大会成績などすぐに結果が出なくても，続けていくことに意味

が生まれてくると信じています。

(6) 部活通信には返信を

　ある時，部活指導で生徒との一方通行の関係に行き詰まりを感じ，部活通信を不定期ですが発行し始めました。たまたま，当時の学年主任が毎日学年通信を発行される先生でしたので，その枠を借用して始めました。すると生徒たちは通信を楽しみに待つようになり，出さないと叱られることもありました。

　私はそこに，返信欄を設けるようにしています。通信をただ書いて配るだけではなく，必ず部員を座らせて，その場で読ませるようにしています。そして，通信を読ませたその場で，返信欄に感想や意見などを書かせて提出させるのです。話すだけでなく書くことで生徒も自分の言葉に責任を持つようになります。また，そこからは，日ごろの行動では見られない悩みが汲み取れることもあります。

(7) 保護者や地域との連携

　私は，「ハーモニーの会」という保護者の会を組織しています。もともと民間企業で営業をしていた私は，保護者の方と直接お話をしたいという思いが強くありました。保護者との連携が取れていれば，指導方法についてこちらの意図を汲んでもらえます。また，家庭でも後方支援をしてもらえます。もちろん，厳しいご意見をいただくこともあります。しかし，それもいい勉強です。それを嫌がらずに継続していけば，いつか必ず保護者の方々から温かい応援をもらえるようになるのです。

　毎年，卒業式の日には，保護者から「第2の青春でした」という言葉をいただけるようになりました。そして，多くの保護者が，自分の子どもだけでなく部員全員と一体になって，泣き笑いの第2の青春時代を過ごしていただいたことが，私のなによりの宝物なのです。

第1章　夢をかなえる流儀を語る

(8)　涙の転勤―新しい環境づくりへ

　公立中学校教員につきものなのは"転勤"です。周りの吹奏楽指導者が転勤を機に，療養休暇に入ってしまうことがあります。原因を考えてみると，吹奏楽顧問は，多くが音楽教師ということもあって，学年を超えて全校生徒を指導しているといっても過言ではありません。音楽の時間はもちろん，合唱指導，そして，集会や行事での歌の指導など，500名を超える集団を動かさなければならないのです。ひとつの学校の勤務年数が増えると，各学級・学年に散らばっている吹奏楽部員を核として，全校生徒を自由自在に操ることができる様な感覚になっていきます。しかし，転勤した後の数年は，そう簡単に全校生徒への指導が行き届くことはないのです。そのため，文字通り手足をもぎ取られたように感じると思います（事実2年前の私がそうでした）。

　人間関係が構築されていないので，叱ることもできない。授業に必要なものも揃っていない。もちろん部活をするどころではないくらい，備品状況や部員の指導も行き届いていないということが多くあります。

　そこで，私が転勤した初日から始めるのが，音楽室のワックスがけです。声をかけると土日に何人かの生徒が手伝ってくれます。準備室のゴミ出しや床に染み付いた汚れを落とすだけで相当な手間がかかります。しかし，そこから，また新たな一歩が始まるのです。

(9)　心に残る名演を目指して

　吹奏楽指導は一人ではできません。多くの人たち（保護者や地域の方，担任や副顧問，楽器講師，楽器屋さん，楽器を貸してくださる知人や卒業生，近隣の顧問など）との関わりや支えがあって，ひとつの音楽が創り上げられるものだと思います。今後も視野を広く高く持って"心に残る名演を"を目指して努力していきたいと思います。

❷ どんな生徒もうまくなる

豊田市立美里中学校教諭　國枝和行

(1) ド素人の吹奏楽部顧問

多くの吹奏楽指導者は，音楽教師であったり，吹奏楽経験者であったり，中には学生時代に普門館（全国大会）に行ったことがある方もいます。しかし，私には吹奏楽の経験が全くありません。

縁あって吹奏楽部の顧問になったのですが，何をどう教えていいのか全く分かりませんでした。そこで私が取った行動は，「いいと思った指導をとりあえず真似る」ことでした。ある全国大会常連校の先生の指導を見る機会がありました。息の入れ方や耳を使うことの大切さを説明しながら，ロングトーンを中心とした練習をしていました。この時，見たこと，聞いたことを，そっくりそのまま自分の学校でも行いました。

吹奏楽について勉強していくと，指導法もたくさんあり，練習メニューも様々です。ある先生が「これはいい指導だ」というものでも，別の先生は「この指導ではダメだ」という場合がよくあります。それぞれに良さがあるから多様な指導法があるのですが，私の場合は，これと決めたやり方を最後までやり通すことにしています。極力，途中で変更することはしないと決めています。指導法で私が迷うと，それを教えてもらっている生徒も迷います。「これと決めたらとことんやる」もしも，それでだめなら，その時にまた，考えるようにしています。指導力の一つの目安が，地区大会で金賞を取ることです。

「3年がんばって金賞が取れなかったら，指導力がないと思いなさい」と，ある先輩の先生に言われました。しかし，私は3年経っても金賞が取れませんでした。それが悔しくて，あと3年がんばって金賞が取れな

第1章　夢をかなえる流儀を語る

かったら，吹奏楽の指導をやめようと思いました。そして，吹奏楽指導を始めて6年で，ようやく念願の金賞を取ることができました。

⑵　**何よりも大切な基礎練習**

　吹奏楽の練習には，主に基礎練習と合奏練習（曲の練習）があります。曲の練習をする場合，指導者が楽譜を読んで音楽の内容を理解し，生徒に噛み砕いて伝えていかなければなりません。つまり，指導者の音楽的センスが問われるのです。私にはそんなセンスはありません。そこで私が目をつけたのは，基礎練習を充実させることでした。

　コンクールに出場すると審査員が講評をしてくださいます。その内容を見ると，「ピッチ（音程）を合わせましょう」とか「縦の線（音の出だし）をそろえましょう」，「しっかり息を入れて（音を）鳴らしましょう」など，音楽そのものよりも，奏法に関することが圧倒的に多く書かれています。つまり，音楽的センスよりも，正しい奏法を身につけ，息がしっかり入った美しい音色が出せることがまず大事なのです。その基本的な部分が意外とおろそかになっているのが実情なのです。

　「ピッチと縦の線を合わせることができれば，誰でも東海大会までは行ける」と，全国大会常連校のある先生がよく言っておられました。そこで，私のとった指導は，とにかく基礎練習を充実させることでした。練習時間の約半分は，基礎練習の時間としています。基礎練習の中には，基礎合奏と個人の基礎練習があります。基礎合奏は，最近では，教則本も使用していますが，主にロングトーンやスケールを使った練習です。私は音を出すときに気をつけることとして，「息の量とスピード」「ピッチ」「音の出だし」の三つを教えています。出来る限り簡潔で，イメージがわきやすい言葉を使うように注意しています。基礎合奏の際には，必ず指導者がついて指導をします。それを平日40分，休日・祝日1時間30分，必ず行うようにしています。指導者が決して妥協せず，生徒と粘

163

り強く取り組めば，半年くらいでかなり音が変わります。

(3) いい音を出すには，いい音を知ることから

「いい音を出しなさい」と指導者は何気なく言ってしまうのですが，言われた生徒は，「いい音」とはどういう音なのかよく分かりません。だからこそ，いい音を体感させ，「ああいう音が出したい」と生徒に思わせることが重要になってきます。

私が住んでいる三河地方には，全国大会常連の高校が2校あります。その2校の定期演奏会には，必ず生徒を連れて行くようにしています。プロではなく，高校生の演奏を聴かせることが重要で，「自分たちでも努力すれば，いつかこんな音が出せるかもしれない」と思わせるのがねらいです。最近は，吹奏楽のDVDやCDもたくさんあり，生徒にもよく見せ，聴かせますが，会場で聴く生の演奏の迫力には勝てません。いい演奏をホールで直接聴くことが，いい音を出す近道なのです。

(4) 地域に愛され地域に貢献できる吹奏楽部

子どもの健全育成には，家庭と学校と地域社会の連携が不可欠だと言われています。そこで，私は地域での演奏活動を積極的に行うことにしています。福祉施設や敬老会，地域行事での演奏依頼は，コンクールや学校行事などに重ならない限り，お引き受けするようにしています。

敬老会で演奏したときは，自分の孫と同じくらいの生徒がひたむきに演奏する姿に感動し，涙するお年寄りの方がたくさんいました。年々出演依頼が増え，9月，10月の週末ほぼすべてが本番というときもありました。地域の皆さんに喜んでもらえることで，生徒も演奏の楽しさや喜びを実感できます。それに，人前で演奏する機会が増えることで，緊張に打ち勝つ力も生まれます。

また，毎年3月に定期演奏会（スプリングコンサート）を行っていま

す。地域の交流館（公民館）で行う，このスプリングコンサートには，毎年たくさんの方が聴きに来てくださいます。地域の保護者や小学生，お年寄りから，区長さん，市議会議員の先生も駆けつけてくださいます。「地域に愛されていること」を実感したと同時に，さらに地域のために貢献したいと思った瞬間でした。

⑸　どんな子でもうまくなる

　私は，正しい練習を，一定量きちんとこなしていれば，誰でもうまくなると思っています。よく「今年はいい子が入ってきたから強くなるぞ」と言われる指導者がいます。では，「いい子」が入ってこなかったら強くならないのでしょうか。そもそも「いい子」とはどういう子なのでしょうか。中学入学前にその競技を行っていて，即戦力になる子でしょうか。部活動に入ってくる生徒は，どんな子でもうまくなりたい，強くなりたいと思って入ってくるものです。だったら，どんな子でもうまくなるように指導するのが，指導者の役目ではないでしょうか。

　吹奏楽部にも，小学校で金管バンドをやっていたという子が何人か入ってきます。確かに音は鳴りますが，独特な吹きぐせを持っている子も多いのです。だから，私はそういう子をすぐには使いません。他の生徒と同じように，きちんと基礎練習を積ませることを最優先にします。そうすれば，楽器経験者もそうでない生徒も大差なく成長していきます。「目の前の生徒に一番合った基礎練習は何なのか」を見つけるのは大変ですが，それが指導者の役目だと思います。

　吹奏楽部に入ってくる生徒は，クラスや学年のリーダーになる生徒ばかりではありません。むしろ，そういう生徒は少ないのです。クラスでは目立たない，あまり発言もしない生徒が，ステージ上で立派に演奏している姿を見て，驚かれる先生や保護者もいます。どんな子でも活躍できる，そういう部活動でありたいと思います。

合唱

　豊田市では，部活動として活動している中学校はありません。しかし，3年生を中心に選抜隊を結成し，全校生徒のよき手本となるよう3年間の系統的な合唱指導がなされています。歌声の響く学校創りは，音楽教師だけではなく，教職員，地域の方々の願いでもあります。
　学校創りの秘策「魔法の合唱指導」を紹介します。

❶　合唱作りは学校創り

山本弘子（豊田市教育委員会指導主事）1960生
- 12年連続豊田市小中養護学校音楽大会優秀賞
- NHK全国学校音楽コンクール三河地区大会
　金賞4回，銀賞6回，銅賞1回
- 同愛知県大会4回出場
- CBCこども音楽コンクール東海地区予選優秀賞5回
- 同中部決勝大会出場5回

1 合唱作りは学校創り

豊田市教育委員会指導主事　山本弘子

(1) 合唱作りは学校創り

　合唱作りを学級経営方針の大きな基盤として考えている先生も，多いことでしょう。合唱とは，言葉の如く「力を合わせて」，「心を合わせて」，「声を合わせて」作り上げるものです。一人で歌うことには抵抗があっても，みんなで歌うと上手に歌えた気持ちになり，満足感の得られる生徒も多くいます。

　全校あげて合唱に熱心に取り組める学校は，活気があり，家庭・地域からも信頼されている学校であると感じています。そのためには，まず，学級が一致団結して歌う体制を築かなければなりません。そして，それを学年全体へと広げていくのです。

　全校生徒が，体全体を使って表現しながら歌う合唱は，多くの人々の心を動かすのです。

(2) 生徒とともにめざす合唱作り

　私が合唱指導に本格的に携わるようになったのは18年ほど前，朝日丘中学校に勤務してからです。合唱部はありませんでしたので，3年選択教科で音楽を履修している生徒で合唱団を編成しました。豊田市では，毎年10月中旬に小・中・養護学校の代表児童・生徒が市民文化会館大ホールでの音楽大会に参加しています。そこで優秀賞を取ることが，その年の3年生の目標にもなっていました。

　毎年，市内で審査員満場一致で優秀賞が取れるのが当たり前になってくると，生徒たちはそれだけでは満足しなくなってきました。NHK全

国学校音楽コンクールやCBCこども音楽コンクール，愛知県合唱コンクールなど，規模の大きな大会で，もっと広い地域に自分たちの合唱を響かせたいという気持ちが芽生えたのです。

しかし，その舞台は，それまでの市内の音楽大会とは違い，出場してくるライバルは，みんな合唱部です。3年間毎日，朝・夕・土日・長期休業中と練習している生徒たちとの戦いです。放課や選択の授業で練習している，にわか仕込みの合唱団が，その中に混じって競い合うというのは，並大抵のことではありません。

ただ，合唱部と違って唯一の強みは，すべて3年生ということです。心も体も最高学年としての心構えが培われています。

1年生の音楽の授業から行う3年間を見通した系統的な指導と，それぞれの部活動で汗と涙で鍛えられた精神力があるということです。こんな最強の武器をもっているのですから，このことを生かさない手はありません。あとは，生徒たちのやる気に火をつけ，効率のよい成果のあがる指導をすることが，私の仕事なのです。

(3) 私の合唱作りと指導法

① 毎日の授業の充実を図る

中学3年生は，音楽科の授業が週に1時間です。3年間合唱部に所属していた生徒たちと勝負するためには，1年生からの授業が大切です。

まず，「合唱とは何か」という意義付けから始めます。ただ歌えばいいというだけでは，心は育ちません。そして，口の開け方から，取り組む姿勢にいたるまで徹底的に基礎・基本に重きをおいた指導を心がけています。何よりも影響力を及ぼすのは，その基礎・基本を身につけた先輩たちの歌声のすばらしさです。小学校では合唱経験が少ないという生徒たちも，先輩たちの迫力のある歌声に洗礼を受け，秋の校内合唱コンクールの頃には，なんとか中学生らしい歌い方をマスターするのです。

２年生になると，変声期真っ只中の生徒や思春期で真剣に物事に取り組むことを恥ずかしがったり，馬鹿らしいと感じる生徒がでてきます。しかし，この２年生こそ技術的なことを指導しなければならない学年なのです。この１年間で指導したことが，最高学年となった３年生で生きてくるのです。そう考えた時，生徒たちのマイナスの流れに負けていてはいけないのです。たとえ，こちらが意図したことがしっかりできなくても，技術を刷り込んでいくことが大事なのです。

　このように，３年間の見通しを教師がもって，合唱作りをしていくことがキーポイントです。

　また，難曲に挑戦させることによって，生徒に意欲をもたせようと考える先生もいますが，私は，あえてそうはしません。むしろ，学級全員が取り組め，比較的歌いやすい曲を選ぶようにしています。そうすることで，全員が自信をもって歌うことができます。大切なのは，この「全員」ということなのです。さらに，難曲でなければ技術的な面で，かえってレベルの高いことが要求できます。何より，歌いきったという達成感と充実感を味わわせることが重要なのです。

②　選択合唱団の誕生

　３度目の春，最高学年に進級した生徒の瞳は，どれも輝いています。
　選択教科で音楽を履修する生徒は55人です。男子15人に女子40人は，１，２年生で合唱の魅力とおもしろさに魅せられた者ばかりです。

　夏休みに入るまでの合唱練習は，彼らに部活動があるため，10分少々の昼放課と選択の授業時間50分だけです。選択の授業で練習したことをわずか10分の放課で復習するのです。わずか10分ですが，この放課に１分１秒を惜しまずに歌い続けるのです。授業が終わったら，私の待つ音楽室に55名全員が走って集まり，すぐに歌う姿勢が整うのです。だから，この集中した10分が積み重なり，５月〜７月中旬までには正味時間の数十倍の効果がでるのです。

③ めざせ！　金賞

　NHK全国学校音楽コンクールは，地区大会で金賞を受賞した学校に愛知県大会への出場権が与えられます。そして，その模様は，NHK教育テレビで放映されるのです。

　私は，毎年この放映を見ながら，「いつかきっと，教え子たちをこの舞台に立たせてやりたい」と思い続けていました。3年間合唱部として練習してきた学校と勝負し，この難関を突破するためには，どんなに強い教師の想いがあったとしてもそれだけでは，足りないです。それを可能にしたのは，当時勤務していた朝日丘中学校の校長先生はじめ，学年主任，学年の先生方の力強い後押しでした。

　生徒たちは，その心強い追い風を「愛知県大会に出場してテレビで自分たちの合唱を先生たちや家族，地域の人々に聴かせてあげたい」と感謝の思いに変え，さらに意欲を高めました。

　部活動を引退した後は，朝から晩まで，貧血で倒れる仲間がでるほど音楽室で仲間と汗を流し続けました。そこには，誰一人弱音を吐いたり，逃げ出す仲間はいませんでした。中には，不登校ぎみな生徒も含まれていたことを思うと，合唱の力の偉大さを感じないではいられません。

　そして，その努力の先に，とうとう三河地区大会で「金賞！　朝日丘中学校！」という審査発表を聞くことができたのです。この言葉を聞いた生徒たちの様子は狂喜ともいえるほどでした。うれし涙する生徒，友達と肩を抱き合って喜ぶ生徒。もちろん日頃から応援してくださっていた先生方や保護者の方々の喜びようは言うまでもありません。夢のかなった瞬間です。

　帰りのバスの中，誰もが幸せに浸りきっていました。このままいつまでも終わることなく，みんなでバスに揺られていたいと思うほどでした。

第2章
勝つ部活動指導から見えてくるもの

最近　しみじみと思う
時間って早くて短い
私が3年生になってからの3カ月
本当に早かった

4月
顧問の先生がかわり
私たちバレー部も変わった
必死になれる私たち

私はサーブが嫌いだった
はずしたら　迷惑かけちゃう
自分の番がもうすぐくるなんて
ミスしたときのあの居心地の悪さ

チームに
自分がいないほうがいいのに
いつも思ってた

次はいれなきゃ
みんなのために
自分のためじゃない
励ましあえるみんなのために

チームの中に
自分の居場所を見つけた
私だってチームの役にたちたい

最近　しみじみと思う
バレー部が好き

1 部活動指導を通して，子どもたちに何を教え，子どもたちをどう育てるのか

(1) 学校教育における部活動の重要性

① 新学習指導要領を読み解く

平成24年4月1日から，中学校では新学習指導要領が施行されます。その総則第4 (13)に「生徒の自主的，自発的な参加により行われる部活動については，スポーツや文化及び科学等に親しませ，学習意欲の向上や責任感，連帯感の涵養等に資するものであり，学校教育の一環として教育課程との関連が図られるよう留意すること。(以下略)」と述べられています。

新学習指導要領に，部活動は，
「学習意欲の向上の助けとなっているもの」
「責任感や仲間意識が徐々に養われ育てられるもの」
と述べられているのです。

だからこそ，各学校が「どの様に部活動を教育課程と関連を図りながら進めていくのか」を前向きに考えていかなければならないのです。

また，部活動は，「学校の教育計画に基づいて行われる活動」であると定められているのです。これは，「部活動指導は，教員の本務であること」を述べています。

特色ある学校づくりが叫ばれている今，各校長がリーダーシップを取り，各学校における部活動の方向性を示すべきだと思います。その方向性にもとづいて，教師は，顧問として，教育効果が高まるよう，全力で邁進していかなければならないのです。

② 部活動は，家でたとえるなら軒下の活動

よく部活動は，「家でたとえるなら軒下の活動である」と言われます。家の中心である居間や台所での活動が，学習や行事にあたるとすれば，部活動は，軒下で行われる活動になります。しかし，風通しのよい軒下であればこそ，教育活動に大切な役割をはたせるのだと私は考えます。

ます第1は，家の中からはみ出して，軒下でしか救ってやれない生徒の存在です。

勉強が分からず，50分もの長い授業に毎日6時間耐えている生徒がいます。彼らを落ちこぼれと呼び，落ちこぼれを救うために，追試や補習が行われます。考えてみてください。追試や補習は，耐えに耐えた1日の授業が終わった授業後に行われるのです。時には，よかれと思って休日に呼び出されて行われることもあるのです。誰が，こんな学校を好きになるでしょうか。

我々教師は，授業で勝負をしています。50分の1時間で，生徒たちに課題追求学習を通して楽しく分かりやすい授業を行う努力をしています。でも，勉強が苦手で理解できない生徒もいるのです。しかし，そういう生徒を落ちこぼれと呼んで，落ちこぼれにしてはいけないと私は考えます。彼らにこそ，軒下の部活動を思う存分やらせてやらなければならないのです。

部活動の時間さえ奪って追試をしてしまえば，勉強の苦手な彼らは，学校からはみ出して行くに決まっています。学校からはみ出てしまった

生徒は，社会へでてからも，なかなか中へは戻ってこられないのです。
　そういう生徒こそ，軒下の部活動で心と体を鍛えてやらなければならないのです。
　第2に，軒下と家の中は，同じ屋根の下でつながっているということです。新指導要領にもあったように，部活動は「学習意欲の向上の助けとなっているもの」，そして「責任感や仲間意識が徐々に養われ育てられるもの」なのです。どの生徒でも部活動で，自己有用感が高められ，責任感や仲間意識が養われてくれば，学校やクラスの中でも自己存在感を持てるようになるのです。マナーやルールの大切さも部活動を通して学べば，学校のモラルは高まり，授業の雰囲気も高まって行きます。さらに，精神的にも肉体的にも鍛えられれば，50分の授業にも十分に耐えうる体力が身につくのです。そうして，苦手だった勉強もできるようになってきた生徒は多くいるのです。
　第3は，内から外への連携のために大切な役割を担っているということです。昨今，開かれた学校，学校の見える化が叫ばれて久しいです。閉鎖的であった学校を地域に開放し，学校・家庭・地域が連携して子どもたちを育てていこうとする考え方です。学校は，ホームページや便りなどで，学校が行っている取組について，懸命に発信を行ったり，授業参観や懇談会の回数を増やし，気軽に学校へ来てもらえるようにしたり，地域へ出て行ってお祭りやボランティア活動に積極的に参加したりしています。そして，そのたびごとに，評価をお願いしています。その評価の結果を受けて，さらに地域への働きかけを活発に行っていくのです。
　ただひとつ大きな問題点は，教育の成果の数値化にあります。子どもの成長の様子は，なかなか数値では表せません。テストの点数や順位では，当然不十分です。
　大切なことは，「子どもたちにとって，その活動がどれだけ頭や心に深く染み込む活動であったかどうか」にあると思います。

最近では，活動後に子どもたちに，満足度評価を実施することが多くなってきました。満足度が高い子どもたちが多ければ，その活動は成功だったという考えにも賛成できません。

　なぜなら，大切なことは「何年後先に，その活動がその生徒にどんな影響を及ぼすか」にあると思うからです。

　スキナーの言葉をかりれば，「教育は学んだことがすべて忘れられた後に残る『何か』である」のです。

　そう考えたとき，軒下で行われている部活動の有用性を強く感じずにはいられません。

　それは，部活動は，保護者や地域の方々が，主体的に子どもたちとかかわりを持ってもらえる活動だからです。学校からの一方的な発信に陥ることなく，地域の力が自然に寄り集まってくる魅力を持っているのです。さらに，勝ち負けはありますが，そんなことではなく，子どもと保護者と地域の人々が，ともに経験してきた中学校3年間の日々が，深く心に染み込まれるのです。そこには，外部評価も生徒の満足度チェックも必要はないのです。

(2) 何を教えどう育てるのか

　第1章で語った教師たちすべてに共通していることがあります。そのことについて語りましょう。

① 「熱く燃える情熱」

　校長になられても，退職をされても，いつまでも「熱く燃える情熱」を持って子どもたちに立ち向かっているということです。

教師が燃えて何事にも挑戦していかない限り，子どもたちは決してついてこないのです。最近では，子どもたちにエネルギーを注入することに力が必要です。何をやるにしても，誰かの後に隠れるようにして行動を起こす子どもたちが増えています。

　教室で冗談を言っても，大きな口を開けて笑う子どもすら減ってきています。朝から，生気のない青白い顔でボーっと座っている子どもさえいます。今求められている教師は，松岡修三タイプの「先生，熱いですね」と言われる教師なのです。

　ちなみに，星一徹型（頭ごなしに叱りつける）や古畑任三郎型（理詰めで次々と人生を説く）教師は，今の時代に合わないのです。

② 「大人の凄さ」

　子どもたちに「畏れ」を実感させているということです。

　子どもたちは，自分の好きなことを精一杯応援してくれる大人を求めています。さらに，その大人が自分の成長を支援してくれることに気づけば，自然と尊敬の念をもつのです。

　知識も経験も豊富な大人たちが，馬鹿にされている現実がおかしいのです。みな，子どもの時代を通り過ぎ，大人になったのです。その人生が始まったばかりの子どもたちに，気を遣いすぎているのではないでしょうか。子どもが，大人に気を遣う世の中が，正常なはずなのです。

　家では，父親はごろごろと寝転びテレビを見ています。その姿を母親は叱咤しています。昔のように親の背中を見て育つ時代ではないのです。ならば，その大人の凄さを教えるところは，学校にしかないのかもしれません。子どもたちの最も身近な存在である教師が，尊敬されなければ，大人の立場はもう維持できないとまで考えます。

　ただ，好かれることと尊敬されることとは違います。子どもに好かれようとすれば，ご機嫌を伺うようになります。そのことで子どもたちを調子にのらせます。子どもたちは，調子にのれば，わがままになり，自

己中心的になります。さらに、協調性がなくなり、学校・社会に適応できない子どもたちになってしまうからです。

夢をかなえさせてやれる教師こそ、尊敬され、大人の威厳を保つための唯一の砦になるのです。

③ 「仲間意識」

人は一人では、決して生きていけません。しかし、今、仲間の作り方さえ授業で教えなければならない時代なのです。エンカウンターやピアサポートなどがもてはやされています。そんな人為的に仲間作りをしなくても、部活動を通して、ともに汗を流し、涙を流す中で自然に仲間意識が育まれるのです。

素直な気持ちで悩み事を打ち明け、それに真剣に考え、本音で応えてくれる仲間。時には意見がぶつかり本気で喧嘩ができる仲間。いけないことは「だめだ」と厳しく叱りあえる仲間。そんな一生涯続くであろう素敵な仲間に守られた人生ほど、価値のあるものはないでしょう。

婚活に頼らざるをえない人々が増えているのも、そんなところに原因があるのかもしれません。

④ 「諦めない心」

褒めることがもてはやされている時代にあって、常に鍛えるという姿勢を持ち続けているいうことです。

負けたら終わりではなくて、やめたら終わりなのです。世の中でのことは、諦めなければ、かなわないことはそんなに多くはないはずです。ただ、部活動のように３年で夢をかなえなければならないことのように、時間に限りがあることについては、難しいことも多いかもしれません。

ただ、諦めない心は、鍛えなければ身につけることはできません。何度も何度も谷底に落とされる虎の子のように、這い上がってこられたものだけに、授けてもらえる心なのです。

しかし、それが、部活動では、仲間の助けがあります。一人ではない

のです。さらに，落とす谷の深さも考え，落としてはそっと手を差し伸べ引き上げる教師の指導力があるのです。そこで3年間の経験をした子どもたちは，仮に部活動での夢がかなわなかったとしても，新たな夢を抱き，その夢に諦めずに果敢に挑戦し続けられる強い心を手に入れるのです。

⑤ 「夢を語ることの幸せ」

人は，夢を食べて生きていく動物と言われます。夢があるから，明日を楽しみに生きていかれるのです。しかも仲間と同じ夢を抱き，日々その夢について語れる幸せを感じながら生活できるのですから，そんなすばらしいことはありません。

「市内大会で優勝する」「県大会で優勝する」「全国大会へ出場する」どれもその生徒たちにとっては，同じくらいでっかい夢なのです。「どうしたら優勝できるだろうか」「このままでいいのだろうか」「優勝したらどうしよう」そんな話をしているだけで，時間はまさに夢のように過ぎていってしまうのです。

これら五つのことをそれぞれの顧問が，部活動を通して，子どもたちに伝えようと奮闘しているのです。苦しみの中から，自分の流儀を見つけ出した者にしか味わうことのできない黄金の日々を，子どもたちとともに満喫しているのです。

2 夢をかなえた者たちは今

(1) 地域の絆づくり　鈴木直樹（バスケットボール）

　教え子たちが社会人チームを結成して，私をコーチとして迎えてくれています。クラブの大会では，4回ほど全国大会にも出場できました。秋の紅葉が有名な田舎町である足助町のチームが，全国3位までコマを進めたこともあったほどです。

　今では，彼らと大人同士の付き合いを楽しんでいます。足助地区で小学生から大人までバスケットを楽しむコミュニティが形成され，毎週水曜日は，ミニバス，ジュニア，大人のチームが共に汗を流しています。

　今後，彼らが，バスケットボールを通して，社会体育の充実に努め，地域の絆をさらに深めていってくれることでしょう

(2) 先生のチームを倒します　吉田裕哉（ソフトテニス）

　私は体育教師ですが，おもしろいことに歴代のキャプテンはほとんどが，体育教師を目指しています。そして口々に「いつかテニス部の顧問になり，吉田先生のチームを倒します」と言ってくれます。私は「お前じゃ無理だ」と言います。

　現在2名のキャプテンが教壇に立ち，私と同じ道を歩み始めました。そして，その後には，大学4，3，2年生とさらに続いています。

　私にとっての幸せなひとときは，大人になった彼らと，河島英吾の「野風僧」の如く，お酒を飲みながらでっかい夢を語り合うときです。酔うと私はいつも彼らに言うのだそうです。

　「俺の夢は，お前たちの孫にテニスを教えることだ」と。

(3) あこがれの OG バンド　竹田健一（吹奏楽）

　卒業後，進学先に吹奏楽部が無いなど活動場所に苦しむ生徒たちがいます。また，社会人になっても演奏を続けていきたい生徒たちもいます。そんな生徒たちと，月に一度程度 OG バンドとして集まる場を設けて練習を続けています。現役生からは「あのバンドで演奏したい！」と，その OG バンドに加入することが，一つの目標となっています。さらに，卒業生が現役生へ指導する場ともなっています。そこでは，楽しく演奏をするだけではなく，後輩に，顧問の取り扱い方（?!）の指導も行ってくれています。

(4) 思い出話を酒のつまみに　杉浦俊孝（ハンドボール）

　これまで数百人の生徒の指導をしてきたと思いますが，世界や日本のトップレベルで活躍しているような選手はほとんどいません。しいて挙げるのであれば，U15からU23まで，各カテゴリで日本代表に選出されている選手が1人，県内の強豪高校に進学し，インターハイで活躍したり，国体選抜メンバーに選出されたりした選手が数人です。また，企業チームで活躍している選手もいます。

　さらに，市内中学校にてハンドボール部の顧問としてがんばっている卒業生や，コーチとして高校や中学校でハンドボールの指導に携わっている者もいます。OBでチームをつくってハンドボールを楽しんでいる者もいます。中学校卒業後も，何らかの形でハンドボールに関わり，活躍してくれた選手，次代の選手の育成に関わってくれている教え子がいると，やはりうれしいものです。

　中学校の部活動が，彼らの人生にどのくらいの影響を与えたかはわかりませんが，少なくとも貴重な思い出となって，彼らの心に刻まれているはずだと思います。その思い出話を肴に，仲間同士で酒でも酌み交わ

してくれればと思います。

　私にとっても，どれも思い出深いチームばかりで，自分の教師生活いや人生の大切な一部となっているといっても過言ではありません。そんな素敵な思い出をくれた多くの教え子たちに心から感謝です。

(5)　教え子に囲まれて　小泉　修（バレーボール）

　縁あって50歳を前に，学校現場を離れ，指導主事として市役所勤務になりました。4月1日の新任職員辞令伝達式でたくさんの若者に混じって市長から辞令を手渡されました。式が終わると後ろの席にいた若者が声をかけてきました。高橋中学校時代の男子バレー部キャプテンの佑亮君でした。久しぶりに再会した彼は，農政課に配属が決まりとても輝いていました。その笑顔は，中学校時代と変わっていませんでした。

　また，慣れない市役所生活にとまどいながら，ひとり食堂で昼食をとっていると，「隣で食べていいですか？」と声をかけてくる青年がいました。上郷中学校12年間の最後の男子バレー部キャプテンの裕君でした。生涯学習課に勤務する彼は，市役所のバレーボールチームのまとめ役を務めていることを教えてくれました。「先生，一緒にやりませんか？」と誘いを受けましたが，さすがに自治労の県大会で上位に入賞するチームの中でプレーする勇気は湧きませんでした。

　しかし，練習の様子はさっそく覗きに行きました。そこには，自分の教え子が，さらに2人入っていました。年齢は重ねていても，パスの姿勢やスパイクのフォームは中学校時代に教えたままでした。あの頃よりも余裕のある表情でバレーボールを楽しんでいる様子に目尻が下がりっぱなしでした。あれほど厳しく叱ったのに，バレーを嫌いにならずに生涯スポーツとして楽しんでくれていることが何よりも嬉しく，幸せな気持ちになりました。この子たちにバレーを教えることができて，本当に良かったと心から思っています。

(6) 校長として二重の喜び　藤澤卓美（卓球）

　中学校教師となり，卓球を教えている教え子がいます。今まで出会った多くの教え子の中でこれほど努力を重ね，自分に挑戦した者はいません。

　足助中学校の校長2年目でした。渡監督の長年の努力が実り，男子卓球部を全国大会（山梨）に連れて行ってくれました。選手の中心は，昔の教え子の子どもたちでした。自分自身が3度目の出場を果たしてから26年の月日がたっていました。

　この全国大会は，もう一つ驚くべき出会いを作ってくれました。大会出場を控えたある日，一本の電話が入りました。それは，初めて全国大会に出場した時のメンバーの一人であるM君からでした。彼が地元の高校から苦労をして国立大学に入り，教師になったことは時々出会う彼の義母から聞いていました。彼とは，足助を離れてから，30年間一度も会っていませんでした。突然のことでびっくりしましたが，話を聞く内，奇跡かと思いました。神奈川県の大磯中学校に勤めている彼が言うには，長年指導してきた男子卓球部が初めて関東5位になって，山梨の全国大会に出場するというのです。足助中学校の名前を見て電話したとのことでした。

　31年前，初めて出場した新潟大会の予選1回戦，トップで使ったのがM君でした。負けはしましたが，小さい体ですばらしいプレーをしていました。

　彼は，卓球を始めた1年生の時，卓球台からやっと顔が出る位の身長でした。同じ小学校出身の同級生から呼び捨てにされているのを聞いて違和感を覚えていました。しばらくして彼が小学校時代，特別支援学級に籍を置いていたことを知りました。それが呼び捨ての理由であったのです。彼に障害があったのではありません。発達が極端に遅かっただけ

でした。1年生230人の中で，彼は最も小さく非力でした。勉強も遅れていました。

しかし，彼は3年間卓球も勉強も血の出るような努力をしました。3年生の7月，彼は最後のランキング戦でとうとう校内ランキングが，4位になったのです。約束通り西三河大会では彼を使いました。そして，出場した試合は一度も負けませんでした。それだけではありません。彼は7月の期末テストで230人中5番の成績を修めていたのです。もうだれも呼び捨てにはしませんでした。全国大会のトップを誰にするかとメンバーに聞いたとき，「M君がいい」と皆が答えました。

山梨の全国大会で見た彼のチームは，ねばり強くプレーをするいいチームでした。大会の前日，山梨で夕食をともにしました。足助卓球協会を嗣いでやってくれているM君の同級生でエースだったN君もいっしょでした。この二人と遅くまで毎日練習をしたことを思い出しました。正規教員になるのに苦労した話や，卓球部の指導で難儀をしてきたM君の話を聞いて，「よくここまでがんばって育てたな」と伝えました。彼の「先生に教えてもらった通りにやってきました」という言葉を聞いたとき，涙が出てきました。

ただ，この日のような良いことばかりではありませんでした。3度目に全国に連れて行ってくれたメンバー中で，二人が20歳になる前に死んでしまったのです。本当に大切な子たちでした。全国大会を毎年めざしていた自分が，もしかしたら彼らの人生を急がせ過ぎたかもしれないと思うこともあります。

(7) **言葉には魂が吹き込まれる**　田口賢一（ソフトボール）

① **努力は無駄には終わらない**

A子から携帯に連絡が入りました。彼女が高校3年の冬のことでした。「大学合格の知らせかな」と思いつつ，21時すぎの電話にでました。

「今，栄にいます」と言う声に，まじめでおとなしく，夜遊びとは到底結びつかない子だっただけに驚きました。

「国立大学の入試が不合格だった。すごく自信があったのに。正直ショックだった。そんなとき，クラスの子が合格したと大喜びしていたのを聞いた。しかも，彼女たちは，受験生なのにカラオケに行き，まじめに受験勉強をしているとはいえない子だった。私は何もかも我慢して，本気で勉強してきたのに。バカバカしくなってしまった。もう後期入試も受けたくない」。

口答えなどしたことがない子でした。常に前向きに頑張っていた子でした。そんな彼女に，私は，知らないうちに昔の話をしていました。

「中学時代，あんなに苦しんできた。でも，練習量の少ないチーム，ダラダラしたチームに負けたことがあった。あの時，自分のやってきた練習は無駄だと感じたのか。自分は，仲間は，負けたチームの部員より愚かだったのか。負けたから，やらなきゃよかった3年間だと引退の時思ったのか。入試はまだ終わってない。挽回できる。あんなに頑張ったA子だから，先生が誇りに思うA子だから，負けないでほしい」。

泣き声が，沈黙にかわり，最後には鼻声ながら元気な声に戻った彼女に，私は「今から迎えに行こうか」と問いかけた。帰ってきた言葉は，「これ以上，先生に恥ずかしい姿は見せられません。今すぐ，自分で帰ります。ありがとうございました」という，私の知る彼女の声でした。

② 本気の嘆き

県外へ出張で出かけた時，ソフト部のキャプテンだったB子に再会しました。曰く「私，先生の言った一言が忘れられない。最近よく思い出すの」。ドキッとしました。自分が部員に言った言葉には，褒め言葉はなかったはず……。恨み節か？

「おまえは悲劇のヒロインか！」

新人戦，リードして迎えた最終回。B子のサヨナラ暴投でゲームセッ

ト。彼女は，誰からも好かれ，信頼されていた人格者でした。しかし，とにかく不器用な子でした。

　負けた後，学校に戻り，彼女にはノックの嵐が待っていました。何球打っても，はじく，落とす，まともに投げられない。挙げ句の果てに泣き出してしまいました。その彼女の姿に，私は，先の一言を発し，バットを捨てて，グランドを後にしたらしいのです（記憶にはない）。

　「本当にその通りだと思った。見抜かれたって。泣いてごまかしていた。今，アナウンサーの試験を何局受けても不採用ばかり。容姿のことまで言われ，泣きそうになる。でも，あの言葉を思い出して，涙をこらえるんです」。

　顧問の言葉が部員に力を与えているのではないのです。部員に受け入れる心があるから，私たちの言葉には魂が吹き込まれるのだと感じました。普通，「こんなにがんばってるのにひどい」で終わりだろう。名言でも何でもないのです。本気の嘆きだったのです。それを，6年経っても覚えていて，自分の力にかえているＢ子がいました。

　「幸せになってほしい」一生同じ空の下，応援し続けたいと強く思いました。

(8)　答えは風の中　森山正実（野球）

　野球部の教え子が，すでに2人亡くなってしまいました。2人とも心肺停止による突然死でした。彼らに中学野球と出会わせ，多感な年頃に自らの野球観を植え付けたのは自分です。「自分に出会わなかったら，彼らの死は避けられたかもしれない」と思うときもあります。

　2人は，折りしも自分の指導観の過渡期となった世代の教え子でした。Ｙは，恵まれた体格の長距離バッター。やさしくまじめな性格で，スランプの中，手を血だらけにしてＴバッティングをしていました。3年時の担任でもあったため，野球以外にもたくさんの思い出があります。頭

の回転が速く，冗談ばかり言っていました。同じような性格の母を交えての三者面談は，まるで母子漫才を見ているようでした。高校時代にその母親を病気で亡くし，自身も卒業後，母を追うように亡くなってしまったのです。

　Yより一つ年下で少年野球のエースだったHは，内臓疾患で一時野球を休止していましたが，体の成長によってドクターストップが解除され，中3から野球を再開しました。平成5年度に全国出場した時の投手（2本柱の一人）でした。大人の会話ができる子で，試合中ずっといい声を出し続けていました。常に冷静だった彼が，最後の試合で負けた瞬間，大泣きした姿が忘れられません。その後もずっと野球を続け，大学では選手兼学生監督をしていましたが，卒業前に亡くなったのです。

　斎場でHの出棺を見送っていたとき，同級生で補欠だったSが私に「先生，あいつが入って来なかったら，僕ら全国に行けませんでしたよ」と言いました。「そうだな」と答えたあと「でも，お前がいなくても行けなかったよ」とSに伝えました。決して格好をつけて言った訳ではありません。それは私の本心であると同時に，紛れもない事実だったからです。

　YとH。2人は，雲の上から今の私を見てどう思っているのだろう。

　「もっとがんばってください……」か，「もういいかげんにしてください……」か。

　答えは風の中です。

3 若い教師よ！　勝つ部活動を熱く語ろう

(1) エベレストに登るなら，登った人に聞け

　市内大会で優勝したければ，市内大会で優勝した監督に話を聞くことです。県大会へ勝ち上がりたければ，県大会出場常連校の監督に聞くことです。そして，夢の全国大会へ出場したいのなら，夢をかなえた監督に聞くことです。どんなに多くの知識を詰め込んでも，1度の経験に勝るものはありません。

　「聞かぬは一生の恥」ということわざがあります。みなさんの近くには，どんな分野においても必ず先人がいます。そういう先人を見つけ，自分の目標が達成するまで，しつこくついて回ることです。そして，達成できた時には，さらに極めた達人を見つけ出すことです。夢の途中で浮気をしてしまえば，また振出です。

　また，「やる気を起こすには，やる気のある人と話せ」という言葉もあるように，どんな先人につくのか，どんな仲間と一緒にいるのかということが，重要です。まさしく，引き寄せの法則なのです。やる気のある人と話していると，どんどんとやる気のある人たちが引き寄せられてくるのです。そして，その集団は，さらにやる気に満ち溢れた集団になっていくのです。

　私は，「口癖は自分に暗示をかけること」，「教育は，生徒にいい暗示

をかけること」だと思っています。経験豊富な達人は，もちろん「やる気」に満ち溢れています。彼らからいただいたやる気を起こさせてくれる重みのある言葉を口癖にしています。そして，子どもたちにも，繰り返し，繰り返しそれを声に出して伝えているのです。

　出来ることなら，私は，「このことは，塚本に聞け」と言われる達人とまではいかなくても，先人になりたいと日夜思っているのです。

(2)　コップの水が溢れるとき

　成果はなかなか目に見えてこないものです。それゆえに，努力をすれどもすれども先が見えず，路頭に迷うことも多くあります。透明なコップに水を注ぎ込んでいけば，少しずつ目標を達成する様子がリアルタイムに見えます。もう少しで，溢れるところまで水を注げば，目標達成はもう目の前です。言うならばこれが過程の見える化です。しかし，現実には，コップは透明ではないのです。どれだけ，水が注がれ，あとどれくらい注げば溢れるのかが誰にも見えないのです。だから，目標を達成できる人は限られた人だけになるのです。もうひと踏ん張りすれば，こぼれ出すほどに努力が貯まるのに，「もうだめだ」と諦めてしまう人がほとんどなのです。

　しかも，水には表面張力があります。最後の瞬間には，一気に力を振り絞らなければならないのです。それはまるで100℃まで熱された水蒸気が，あの蒸気機関車の巨体を動かすようです。せっかく努力をして水を99℃まで熱しても，蒸気機関車はびくとも動かないのです。最後の1℃温度を上げた瞬間に驚くほどの成果がでるのです。しかし，これもまた，最後の1℃をあげるには，今まで積み重ねてきた努力と同じほどの努力が必要なのです。やろうと心に決めたことは，とことんやりきらなければ，成果は望めないということです。コップからこぼれだす水を見て，初めて人は満足感と充実感を味わえるのです。

そして，もうひとつ大事なことは，物事が解決しうるにはタイミングがあるということです。ここぞというときに，どんなにつらくても力の限りぎりぎりのところまでやりきれるか。力の伸びるのはそういうぎりぎりまでやっているその時だと私は思います。

(3)　選択と集中

　「あれもやりたい。これもやりたい」今は，「１本の指ではなく10本の指に止まる時代」なのです。そんな中だからこそ，一つのことを選択し，一つのことに集中しなければならないのです。オールマイテイーが集まる社会よりも，エキスパートが集まった社会の方が魅力的です。エキスパート集団は，リーダーの采配によって，オールマイテイー集団の何倍もの力を発揮できる可能性を秘めています。これから私たちがめざす社会は，職人と呼ばれる人々と彼らの特性を考慮し，まとめあげていく力を持ったリーダーの存在する社会なのかもしれません。

　そのために「選択と集中」が大事なのです，まさに部活動は，「選択と集中」なのです。ひとつの部活動を自分で選択し，３年間集中してやりきるのです。当然そこには，優先順位というものの重要性がでてきます。部活動だけやっていればいい訳がありません。時と場合によって，今やるべき優先順位を常に意識して行動を起こさなければならないのです。

　大人でも子どもでも，いろいろとやらなければならないことは，次から次へと現れてきます。そんな中，飄々と物事をこなしている人がいます。そういう人は，必ずエキスパートな何かを持った人です。的確に状況を判断し，正確な優先順位を付けられる力をつけてやることが，我々の大きな課題になるのです。

　もうひとつ，大きな課題は，リーダーをいかに育てるかということです。落ちこぼれに対しては，手厚くもてなす指導がなされています。し

かし，ふきこぼれに対しては，教師はあまり手を入れない状況も見受けられます。私は，落ちこぼれに対するのと同じように，ふきこぼれの生徒に力を注ぐ指導も見直すべきだと考えています。勉強の塾はあっても，リーダー育成の塾はないのです。

　部活動には，軒下でしか救ってやれない子どももいます。そういった面からも，リーダー育成にはもってこいです。社会にでれば，いろいろな大人たちが存在します。社会の枠からはみ出ている大人も，はじき出されようとしている大人も，心が病んでいる大人もいます。リーダーは，彼らも含めすべての人たちと，どう社会の枠組みの中で共生していくのかを考え，それに向けて歩みを進めなければならないのです。

　そのためには，部活動で身につけたリーダー性を学級や学年，学校全体で発揮させることが，視野を広げていくことになります。よく，「部活の主力を委員会や行事の実行委員会で取られてしまって，練習ができない」とぼやいている顧問がいます。しかし，それは，おかしな考えです。リーダーとして使ってもらえることを喜び，どんどん活動の場を増やしてやればいいのです。長い目で見たとき，それが，チームへも何倍の力となって帰ってくることは明らかです。

　常に私たちが教師として意識しなければならないことは「何のために部活動を行っているのか」という問いを繰り返し，繰り返し自問自答することです。答えは，「勝つため」いや「勝つ部活動を通して，リーダーを育てるため」そして，さらに……。

(4) 他校でうまくいったからといって，自校でうまくいくとは限らない

　あの先生が，夢をかなえたから，自分も同じようにやったら，夢がかなうかといったら，それは不可能だと思います。あの先生がやったから夢がかなったのであって，他の先生がやったら同じ結果にはならないのです。私は，それが教育の世界だと思います。

工場で製品を作るのなら，誰がやっても，やり方を覚え，経験を積めば同じ製品を作り上げることができるようになります。ならなければ，その会社は当然つぶれてしまいます。優れたマニュアルを作ることが，会社の成功の秘訣といっても過言ではありません。

　しかし，教育にはマニュアルは存在しないのです。マニュアルが存在するならば，誰もが東大に合格し，誰もがモラル高きリーダーになっているのです。マニュアルが存在しないから，いつの時代でも行ったり来たり，教育には正道はないのです。

　だから，ここに紹介した達人たちの指導法をそのまま真似してやったとしても，同じ成果がでるとは限りません。しかし，誰でも最初は，人の真似から始めるのです。途中で行き詰ったら，人に聞いたり，本を読んだりして先に進むのです。人は，何もないところからは，どんな偉業をもなしえないのです。

　今の時代になっても，医者がまず触診をします。教師は，五感を研ぎ澄まし，生徒の行動を通して，心を見ようとする姿勢を大切にしなければならないのです。同じように，達人の指導を通して，心を見ようとする姿勢を大切にしなければならないのです。確かなことは，本質を捉えないで，解決法は見つからないということです。形だけのまねでは，いつまでたっても成果は期待できないのです。

(5) おびえて遅れをとるな

　「絆は，引っ張ったら切れる。寄り添ってやればつながる」と今の教育現場では，盛んに言われています。「引っ張ったら切れるぞ」という言葉におびえ，引っ張るべきタイミングを逃してしまっている教師が多くいます。強く引っ張ったり，緩めたりするから，絆はどんどん太くなっていくのに，緩めっぱなしで，寄り添うばかりでは，見かけだけの細い糸くらいにしかなるはずがありません。もしかしたら，最初から，引

っ張るべき絆などというものすら存在しないのかもしれません。

　時間は，過去→現在→未来に流れているといわれています。しかし，私は，未来⇒現在⇒過去に流れていると考えるのです。未来の結果が現在をつくり，現在の結果が過去を創ると考えることが大切なのです。おびえて遅れをとっていては，いつまでたっても，未来の結果は得られません。未来の結果を得るために，夢を描き，実現のためのビジョンを持つことが大切だと考えるのです。

　教師がビジョンをもてたとき，おびえて遅れをとることはなくなるのです。厳しい攻めの指導が可能になってくるのだと思います。さらに，時が，未来から過去に流れる逆転の発想も生まれてくるのです。

　学校はテーマパークではないのです。好きなことを好きなだけやらせておけばいいはずがありません。厳しさに耐え，我慢して自分を成長させるところなのです。

　水は低きに流れ，人は安きに流れるものです。人は，いくつになっても，厳しく叱ってくれる人が必要なのです。

　クレームでも同じだと考えています。私は，このクレームを大事な先人や達人からの厳しい言葉だと思って丁寧に対応し，真摯に受け止めることに心がけています。頭を低くし，何時間も傾聴するのです。すると，不思議と接点が見つかり，解決の糸口が見つかることが多くあります。そして，いつしか，モンスターがウルトラマンに変身してくれるのです。ここでも，おびえてごてごてに対応を後伸ばしにすることが，モンスターをさらに巨大化させてしまうことになるのです。

　とうとう，夢の教師になったのです。そして，夢を描く子どもたちの顧問になったのです。おびえて遅れをとっていては，本当にもったいな

いことです。

(6) カイロス的時間の美学

　ギリシア神話に「クロノス的時間」と「カイロス的時間」という話があります。私は，「カイロス的時間」こそ，人間だけが味わうことのできる貴重な時間だと思います。そして，子どもたちの成長にとって，この時間はとても大切なものだと考えるのです。

　「クロノス的時間」は，機械的な時計の時間です。均質で過去から現在，そして未来へと直線的に流れていく時間のことです。一方，「カイロス的時間」は，繰り返したり止まったり，速度を変えたりしながら流れていく時間です。

　集中して物事に取り組んでいる時は，時間が早く流れるような感覚になります。また，愛おしい人と美しい景色を見つめているときには，時間がゆっくりと流れます。

　夏の最後の試合で，負けた瞬間のあの1秒にも満たない時間に，今までの苦しみや喜びが走馬灯のように脳裏を駆け巡る経験は，部活動をやりきったものだけが共有できる「カイロス的時間」なのです。

　ギリシア神話では，カイロスは，好機をつかさどる神様だそうです。厳しく叱られ，しごかれている時の時間はなんと長いことでしょうか。しかし，この時間こそ好機をつかむために必要な時間となるのです。夢がかなった瞬間に，この辛く長かった時間が，美しい青春の1ページへと姿を変え，さらに長い時間，自分を支え続けてくれるかけがえのない時間となるのです。

　人間だけが味わうことのできるこのカイロス的時間を，子どもたちに多く味わわせてやることが，我々教師の使命だと感じています。

　読者のみなさんが，この本を読み始めて，「あっ」という間に読み終えてしまっていることを願ってこの章を締めたいと思います。

エピローグ

　「勝つ部活動」は、決して「勝利至上主義」ではありません。この書を読み終えた読者の皆様には、それが十分に伝わっていると確信します。
　文部科学省のホームページには、保護者向けに新学習指導要領について次のように書かれています。
　【新しい学習指導要領は、子どもたちの現状をふまえ、「生きる力」を育むという理念のもと、知識や技能の習得とともに思考力・判断力・表現力などの育成を重視しています。これからの教育は、「ゆとり」でも、「詰め込み」でもありません。次代を担う子どもたちが、これからの社会において必要となる「生きる力」を身につけてほしい。そのような思いで、新しい学習指導要領を定めました。「生きる力」を育むためには、学校だけではなく、ご家庭や地域など社会全体で子どもたちの教育に取り組むことが大切です。】
　そして、「生きる力」を「知・徳・体のバランスのとれた力」と定義しています。「知」とは「確かな学力」であり、「徳」は「豊かな心」、「体」は「健やかな体」です。さらに「豊かな心」は、「自らを律しつつ、他人とともに協調し、他人を思いやる心や感動する心などの豊かな人間性」、「健やかな体」は、「たくましく生きるための健康や体力」であると述べています。
　中学生にとって部活動は、新学習指導要領の理念にかなう活動であるのです。ここにあげた教師たちは、「豊かな心」と「健やかな体」を日々育て続けているのです。また、当然ながら教師として「確かな学力」を育てることも考えて活動をしていることも読み取れます。さらに、保護者と地域を巻き込んで、地域力を十二分に活用しています。
　昨今、残念なことに、部活動指導に対して、熱く燃える教師が少なくなってきています。若い教師は、自分の時間を自分のために有効に使い

たいと考える傾向にあります。また、勤務時間の問題も部活動の縮小に拍車をかけています。保護者の中にも、「そんな大変な思いをして苦しむ必要はない」と子どもに苦労をさせることを避ける様子が伺われます。加えて、父母会などの付き合いを嫌うがために、子どもの意欲を親の身勝手で摘み取ってしまうことも見受けられます。

　豊田市には、中学校が27校あります。小学校を入れると102校にも及びます。そして、教員の数は2000人を超えています。この書で語った教師以外にも、まだまだ多くの教師が、子どもたちと汗と涙を流しながら、日々奮闘しています。日本の教師は、欧米の教師とは大きく違うのです。我々は、授業だけを教えるだけの欧米の教師になってはいけないのです。

　子どもたちと、「挑戦・我慢・感動」を合言葉に、太い絆を築いていくために教職の道を志したはずです。損得勘定なしに、純粋に子どもたちとの一生切れることのない太い絆が、何本も何本もほしいのです。

　教師も保護者も、そして、地域にとっても「おらの学校」という絆を深めていくために、部活動の重要性を今一度、この書を通して考えていただく機会になれば幸いです。

　まだ見ぬ夢の先には、どんな美しい世界が待っているのだろう。夢の頂から見渡すパノラマは、どんな言葉で表現できるのであろうか。

　いやきっと、夢をかなえたものは言うだろう。

　「夢の頂の足元に転がっていた石ころが、とてつもなく美しく輝いていた」と。今私は、この書の編著によって、教育界の美の深淵を少し見られたような気がして、とても満たされています。

　最後になりましたが、この本を発行するにあたり、ご尽力していただいた黎明書房の斎藤靖広さんに、心よりお礼を申し上げます。

　　平成23年　第一線を退いた夏の終わりに

塚本哲也

編著者紹介
塚本哲也

　1964年（昭和39年），愛知県豊田市猿投に生まれる。県立豊田西高校，愛知教育大学美術科を卒業後，豊田市立高橋中学校へ赴任する。女子バレーボール部の顧問として，市内初の全国大会出場を果たす。美里中学校転任後は，２年連続東海大会で優勝し，３度の全国大会出場を遂げている。また，生徒指導においても，主事として全国から注目される多くの実践をおこなっている。

　愛知県選抜チーム監督・文部科学省中央研修員・愛知県生徒指導部会理事・豊田市生徒指導指導員などを歴任。文部科学省優秀教員表彰を受賞。

　現在，豊田市教育委員会学校教育課指導主事。
〈著書〉
『勝つ部活動で健全な生徒を育てる』（2011年，黎明書房）

撮影：市川裕之

勝つ部活動の教科書

2012年3月31日　初版発行

編著者	塚本哲也
発行者	武馬久仁裕
印　刷	藤原印刷株式会社
製　本	協栄製本工業株式会社

発　行　所　　株式会社　黎明書房

〒460-0002　名古屋市中区丸の内3-6-27　EBSビル
☎052-962-3045　FAX052-951-9065　振替・00880-1-59001
〒101-0051　東京連絡所・千代田区神田神保町1-32-2
　　　　　　南部ビル302号　☎03-3268-3470

落丁本・乱丁本はお取替します。　　　　　ISBN978-4-654-01871-0
©T. Tukamoto, 2012, Printed in Japan